爆笑問題の日本史原論

爆 笑 問 題

目次

1100 —

1167 平清盛、太政大臣に(平氏の全盛時代)

1180 源頼朝挙兵

1200 —

鎌倉時代

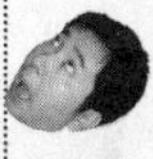

1192 源頼朝、征夷大将軍に

1274 文永の役(元軍襲来)

1281 弘安の役

1300 —

室町時代

1333 鎌倉幕府滅ぶ

1336 足利尊氏、建武式目を制定。南北朝の対立始まる

戦国時代

1400 —

1392 南北朝の合一成る

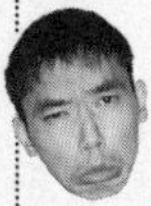

1467 応仁の乱始まる

1500 —

1573 織田信長、室町幕府を滅ぼす

安土桃山時代

1586 豊臣秀吉、太政大臣に

1600 —

1600 関ヶ原の戦い

江戸時代

1603 徳川家康、征夷大将軍に

1639 鎖国の完成

1700 —

1701 赤穂事件(忠臣蔵のモデル)

1800 —

1716 享保の改革
1787 寛政の改革
1841 天保の改革
1853 ペリー来航
1866 薩長同盟成る
1867 大政奉還

明治時代

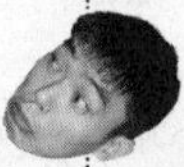

1868 五箇条の御誓文出る
1885 内閣制度制定
1889 大日本帝国憲法発布
1894 日清戦争起こる
1904 日露戦争起こる

1900 —

大正時代

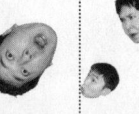

1914 第一次世界大戦起こる
1915 中国に二十一カ条の要求
1918 米騒動起こる
1923 関東大震災
1925 普通選挙法、治安維持法公布

昭和時代

1927 金融恐慌
1931 満州事変

二・二六事件の巻 153

1933 国際連盟脱退
1936 二・二六事件
1937 盧溝橋事件（日中戦争の始まり）
1939 第二次世界大戦起こる
1941 太平洋戦争起こる
1945 広島・長崎に原子爆弾投下、ポツダム宣言を受諾（日本の降伏）
1946 日本国憲法公布
1964 東京オリンピック開催
1972 沖縄返還、日中共同声明発表

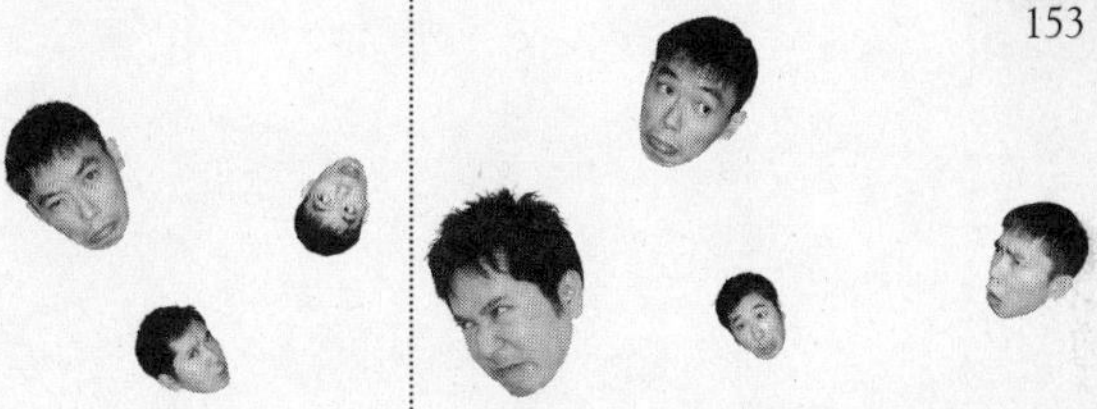

平成時代
1995 阪神淡路大震災

2000 —

あとがき 264

解説 268

文・構成／太田光
＋田中聡

爆笑問題の日本史原論

プロローグ

田中――しかし、日本の歴史っていうのは、くわしく知ってみるとけっこう面白いんだよね。
太田――ああ、そう……日本ってどこにあるんデスカ?
田中――知らねえのかよ! テメエの住んでる国だろうが!
太田――たしかに、ワタシ住んでるケド、日本人って変ダヨ! なんで親子で一緒にお風呂入るノヨ! オカシイヨ! ワタシたちの国では絶対あり得ないコトヨ!
田中――お前誰なんだよ!
太田――タケシさん、答えてヨ!
田中――子供みたいにテレビのまねしてんじゃねえよ! とにかくこれから日本の歴史について、ここで話していかなければならないんだから。
太田――言っちゃ悪いけど、日本の歴史については、俺はくわしいよ。
田中――本当かよ?
太田――当たり前だろ、こう見えても俺は、元X JAPANだぜ。

田中——いきなりうそじゃねえかよ！　お前のどこがX JAPANなんだよ。
太田——洗脳されたからわからないのかな……。
田中——やめろよ！
太田——MASAYAに〝バケモノ猫背男〟って言われて……。
田中——だから、やめろって！　だいたい、元X JAPANだからって、それがなんで日本の歴史にくわしいことになるんだよ、単にJAPANが名前についてるってだけじゃねえか！
太田——いや、今のは冗談にしても、本当にくわしいんだって。
田中——ほう、じゃあ、どのへんの時代が得意なんだよ。
太田——長嶋引退からこっち。
田中——最近じゃねえかよ！　お前が物心ついた後だろうが！
太田——お前、その前の記憶あんの？
田中——記憶してなくていいんだよ！　日本の歴史なんだから。学校で習っただろうが、鎌倉《かまくら》時代とか、室町《むろまち》時代とか。

太田——ああ、なんだ、そういう時代のことか。だったら最初からそう言えよ。それなら俺だって得意な時代ぐらいあるよ。

田中——最初からそう言ってるよ！……で、お前の得意な時代っていうのは、いつなんだよ。

太田——青春時代。

田中——バカかお前は！

太田——やっぱり、何だかんだいっていちばん輝いてたな。友達と一晩中バカやって、思いっきり殴り合って、でも、明くる日になったらケロッとして、二人で水に飛び込んだりしてサ……。

田中——何やってんだよ！　お前、まったく意味がわかんないよ。そういう時代じゃないんだよ。

太田——じゃ、不良時代。

田中——それも違う！

太田——なんだか異常にムシャクシャしてよ、学校の窓ガラス、机で割って、仲間と初日の出見ようって、富士山までぶっ飛ばしたら、死んだアイツが空で笑ってやがった……。

田中——だから、何だかまったく意味がわからないんだよ、お前のたとえ話は！

太田——あとは、やっぱり、下積み時代。

田中——だから、違うんだよ！

太田——やっぱり、俺たちもここまでくるのに十年かかってるからな、うれしかったよなぁ、初めて二人、そろいのスーツでネタやったとき、客にはぜんぜんウケなかったけど、踊り子さんたちはみんなまるで自分のことのように喜んでくれて、こっちがいいって言ってんのに自分の分のにぎり飯くれてさ。あっ！　お前、覚えてる？　マドロス漫談のサミー師匠《ししょう》、この前アパートで餓死《がし》してるとこ見つかったって……。

田中——うるせえよ！　だいたい、俺たちにはそんな下積み時代はねえじゃねえかよ！　いつまでも意味不明のボケ延々と続けやがって、しかも時代って意味もぜんぜん違ってんだよ。わけがわからなくなるから、二重三重のボケするな！

太田――じゃ、スーパーモンキーズ時代。

田中――MAXの歴史語ってどうすんだよ！

太田――この企画はつまり、こういうことだろ。日本のあけぼのから大化《たいか》の改新《かいしん》、平《へい》安《あん》、鎌倉時代などを経て、江戸《えど》時代から近代に至るまで日本のあらゆる時代に自由に飛んでいって、そこで起きた歴史的事件や事柄をネタに我々が漫才をつくってしまおうと。

田中――一寸のすきもなく正確にわかってるんじゃねえかよ！

太田――当たり前だろ、俺が書いてるんだから。

田中――それを言うな！

太田――じゃ、まず最初にどの時代に行ってみようか、モグタン。

田中――俺はモグタンじゃねえ！

太田——お前、何タンだっけ？
田中——何タンでもねえよ！
太田——でも……。
田中——でも、じゃねえんだよ！『まんが　はじめて物語』じゃねえんだよ！
太田——まあ、しかし考えてみると、歴史は繰り返すって言うくらいだから、いろんな時代のことを調べてみたら、案外、今起きてる事件と似たようなことがあったりして、面白いかもしれないよな。
田中——たしかにね。徳川時代のお家騒動なんて、今の政界や財界にも通じる、ドロドロした陰謀《いんぼう》や策略《さくりゃく》が渦巻いてそうだしな。
太田——平安京のお公家《くげ》様なんて、今のビジュアル系に近いもんがあるぜ。
田中——まあ、たしかに共通する部分がないとは言えないけどな。
太田——借金だらけで逃げ出しちゃった岸部《きしべ》四《し》郎《ろう》みたいな江戸時代の庄屋《しょうや》とか、絶対いるぜ。

田中——たしかに、いそうだな。

太田——里見浩太朗《さとみこうたろう》さんにそっくりな侍《さむらい》とか。

田中——そのまんまじゃねえかよ！　それはこっちが侍の格好してまねてんだよ！

太田——Ｋｉｒｏｒｏにそっくりな二人組の縄文《じょうもん》人とか。

田中——いねえよ、そんなの！

太田——考えてみたら、歴史はネタの宝庫だな。

田中——ところで、結局お前、いまだに最初の質問に答えてないんだけど、お前の得意な時代っていうのはいつなんだよ。

太田——明治維新《めいじいしん》の頃。

田中——お前、坂本龍馬《さかもとりょうま》好きだもんな。

太田——俺の坂本ランキングの中では、二位の坂本スミ子を完全に引き離して、龍馬がダントツの一位だね。

田中——くだらねえランキング考えてんじゃねえよ！

太田――とにかく、次回の「日本史原論」、始まりは維新の時代からだヴィンチ！

田中――くだらねえんだよ！

1866

●1866(慶応2)年1月—薩摩藩と長州藩の間で軍事同盟が結ばれる。土佐藩の脱藩者である坂本龍馬、中岡慎太郎の熱心な活動によって、薩摩藩の西郷隆盛と長州藩の桂小五郎(=木戸孝允)との代表間で、幕府による長州再征への対処案6カ条が締結された。これを薩長同盟、または薩長連合という。しかし、両藩の歴史的関係やプライドがからみ合い、すみやかな締結に至らなかったエピソードは有名。この同盟によって、時代は大きく倒幕の方向へと向かう。写真は坂本龍馬(高知県立歴史民俗資料館蔵)。

幕末

薩長同盟の巻

田中──しかし、天敵同士だった薩摩《さつま》と長州《ちょうしゅう》が手を結ぶなんて、その頃の人はさぞかし驚いただろうね。

太田──薩長だけに、サチョーン！　なんてね。

田中──最初から、くだらねえんだよ！

太田──しかし、これによって、世の中が倒幕《とうばく》の方向に傾いていったんだから、日本の歴史にとってはかなり大きな事件だよな。

田中──たしかにね。慶応二年（一八六六）一月二十一日、京都の小松帯刀《こまつたてわき》邸における会談で最終的な合意に達したらしいんだけど、そこにたどり着くまでが大変だったらしいね。話し合うといったって、お互い薩摩藩《はん》、長州藩としての意地があるからね。

太田──代表者は、西郷隆盛《さいごうたかもり》と桂歌丸《かつらうたまる》。

田中──小五郎《こごろう》だよ！　桂小五郎《かつらこごろう》（＝後の木戸孝允《きどたかよし》）！　なんで歌丸さんが薩長連合《さっちょうれんごう》の会談に参加してんだよ！

太田──薩摩側に小圓遊《こえんゆう》さんがいたらしい。

田中――いねえよ！
太田――話し合いの途中で小圓遊さんが「ピンポンパンポーン……先ほど、三階紳士服売場で洋服を試着なさった桂歌丸さま、試着室にカツラをお忘れですので取りに来てください……」なんて言って挑発して、なかなか話がまとまんなかったらしいね。
田中――なんで、そんなところで『笑点』の大喜利やってんだよ！　でも、意地の張り合いでなかなか話がまとまらなかったのは事実らしいね。
太田――もともと、どこで会談するかっていうことでもかなりもめたらしいな。
田中――そりゃそうだろうね。長州側としては、西郷のほうから下関に会いに来るのが当然と思っていただろうし。
太田――薩摩側としては、やっぱり待ち合わせは上野の西郷さんの前にしたかったろうし。
田中――その頃まだ銅像は立ってねえよ！　なんで西郷隆盛自身が上野の西郷さんの前で待ち合わせするんだよ！

太田——結局、間を取ってハチ公前にしたらしいけどね。
田中——してねえよ！
太田——その、水と油みたいな関係だった薩摩と長州の間に入って薩長連合をまとめたのが幕末のヒーロー、土佐《とさ》の坂本龍馬《さかもとりようま》。今で言う俺だけどね。
田中——意味わかんねえよ！
太田——とにかく龍馬は、藩のメンツばかりにこだわる西郷と桂を説得し続けたらしいね。「藩のことばかり考えていてどうする！　もっと日本の将来のことを考えろ！　私たちは腐ったミカンを教えてるんじゃないんです！」。
田中——最後は武田鉄矢じゃねえかよ！
太田——西郷！　桂！　加藤！　松浦！
田中——もういいよ！
太田——とにかく、龍馬がいなかったらこの薩長同盟、まとまらなかっただろうって言われてるよな。

田中――そうなんだ。

太田――西郷にしても桂にしてもお互いプライドが高いから、同盟を結ぶなんて話は、相手から言い出さない限り自分のほうからは言えないと思っていて、結局龍馬が来るまで何も話さなかったらしいからな。

田中――それじゃ、何のために会ってるのかわからないよな。そんなにプライドが高かったんだ。

太田――もう西郷なんか、あの眉毛、実は描き足してたって話だからな。

田中――そんなわけねえだろ！　しかも、プライドが高いのと、眉毛描いてんのはまったく関係ねえだろうが！

太田――そこへ龍馬がやってきて、西郷に対して「長州がかわいそうじゃないか、お前のほうから言い出してやれ」って言ったわけだよ。

田中――なんで長州がかわいそうなの。

太田――「長州は朝廷《ちょうてい》の敵だと言われ、長州征伐《ちょうしゅうせいばつ》もされて傷ついてる。薩摩のほうが立場が上だろう」と。
田中――なるほど。
太田――「しかも、桂小五郎は、お前みたいに銅像も作ってもらえない……」
田中――だから、その頃はまだ銅像はねえんだよ！
太田――「犬も飼ってないし」
田中――関係ねえよ！　そんなことは。
太田――「しかも長州は、プロレスラーみたいな名前だし」
田中――その頃いねえよ！
太田――とにかく、もう少し大人になれと。
田中――なるほどね。たしかに、歴史的な意味を考えたら意地を張り合ってる場合じゃないしな。龍馬の言うとおり、もっと大人になるべきだよな。
太田――うるせえ、チビ。
田中――なんだよいきなり！

太田——お前こそ大人になれ、小便小僧みたいな体型しやがって。
田中——なんでいきなり俺批判なんだよ！
太田——お前ごときに、このときの龍馬の気持ちがわかってたまるか。龍馬は、まさにこの瞬間のために生きてきたと言っても過言ではないんだ。俺はこのときの龍馬の目に光った涙をいまだに忘れない。
田中——お前、そこにいたのかよ！　誰なんだよお前は！　それで、結局、西郷は折れたのかよ。
太田——もちろん、「おいどんが、悪かったですばい」って。
田中——うそつけ！　そんなベタベタなインチキ薩摩弁使うかよ！
太田——おわびのしるしに眉毛をはずして、桂に渡したらしいね。
田中——つけ眉毛かよ！　そんなもんはずしてもおわびになんねえよ！
太田——このときの話し合いで決まったのは、薩摩は幕府の長州征伐を阻止するように努力すること、もし戦争になったら長州の味方をすること、とにかく薩摩と長州は、今後、互いに手を取り合って幕府を倒すために頑張ろうと。

田中——これは、幕府もあせったろうな。

太田——でも、この同盟のことは幕府はぜんぜん気づいていなかった。龍馬たちはそれこそ細心の注意をはらって、秘密裏《ひみつり》に行動してたからな。このことを知っていたのは会談に出席した薩摩と長州の要人、龍馬と中岡慎太郎《なかおかしんたろう》、それとごく一部のダイエーの選手だけだったたって話だから。

田中——やめろよ！

太田——お前が言わなくても、やめるよ。永久追放だろ。

田中——そういうことじゃないんだよ！

太田——とにかく、この同盟によってその後実際に幕府は倒れ、大政奉還《たいせいほうかん》、徳川《とくがわ》三百年の歴史に終止符を打つことになるんだから、薩長同盟というのはまさに歴史の流れを大きく変えるきっかけとなった一大事と言ってもいいだろうな。

田中——そうだよな。

太田――今で言えば、自自連立《じじれんりつ》みたいなもんかな。

田中――スケールがぜんぜん違うよ！

【解説】

薩摩藩と長州藩とが決裂し和解するまでの過程は、尊皇攘夷《そんのうじょうい》と公武合体《こうぶがったい》という二つの考えが、それぞれに挫折《ざせつ》し融合する過程でもあった。それは、新しい時代を迎えるための血にまみれた試行錯誤に他ならなかった。

田中――しかし、天敵同士だった薩摩《さつま》と長州《ちょうしゅう》が手を結ぶなんて、その頃の人はさぞかし驚いただろうね。

当時は、「薩長同盟《さっちょうどうめい》」ではなく「薩長和解《さっちょうわかい》」と呼ばれたという。「天敵同士」の仲直りだったわけである。

では、共に尊皇攘夷を掲げて新体制の樹立を目指していたはずの両藩は、どうして「天敵同士」とされるほどに激しく敵対するようになったのだろうか。

そこには、新しい体制をどのように築くかというビジョンの違いが招いた闘いの歴史があった。薩摩藩主・島津久光《しまづひさみつ》は、尊皇攘夷派や雄藩連合《ゆうはんれんごう》の勢力をバックとしながら公武の間をとりもって、幕政改革を進めようと考えたのである。そのため文久二年（一八六二）には、薩摩藩士を中心とする尊攘激派による関白《かんぱく》および所司代《しょしだい》の暗殺計画を武力で阻止する（寺田屋事件《てらだやじけん》）。激派は薩摩藩に裏切られたのだ。このときから、激派のよりどころは長州藩のみとなった。

翌年薩摩藩は薩英戦争《さつえいせんそう》での敗北によって、攘夷などは無謀なことと深く思い知らされた。そこへ長州藩の後押しを得た志士たちによる倒幕計画が伝えられると、これを尊攘派一掃《いっそう》の機会とすべく、会津藩《あいづ》や公武合体派の公卿《くぎょう》らとともにクーデターを断行した。尊攘派の公卿らは免職されて都落ちする。長州藩主父子も入京を禁じられ、京都市内では厳しい激派狩りが行われた。

以後長州藩は薩摩と会津とを激しく憎み、「薩賊会奸《さつぞくかいかん》」とののしるまでになったのだった。

さらに翌年、京都三条の池田屋に集まっていた勤王《きんのう》の志士たち二十数人が新撰組《しんせんぐみ》によって襲撃され、ほとんどの志士が殺されるか捕らわれるかしてしまった（池田屋事件《いけだやじけん》）。これに怒った長州は京都御所《きょうとごしょ》へと押し寄せ、会津・薩摩の守護する宮門《みやもん》を攻撃。西郷隆盛は蛤御門《はまぐりごもん》の薩摩兵を指揮して、長州軍を破った（禁門《きんもん》の変《へん》）。長州軍は敗退を余儀《よぎ》なくされ、ついに尊攘派の志士はほぼ壊滅してしまう。

だが、崩れたのは尊攘派だけではなかった。

クーデターに成功した後、大軍を率《ひき》いて入京した島津久光は、有力諸侯が朝廷の政務会議に参加して幕政を動かすという新体制の樹立を目指していたのだが、幕府や諸藩は勢力争いに明け暮れてばかりで、結局何ひとつできないままに自ら瓦解《がかい》してしまったのである。こうして公武合体の方向もまた行き詰まってしまった。

この閉塞《へいそく》した状況をつき破るために必要だったのが、薩摩と長州とが和解し、共に倒幕を目指すことだった。

太田——その、水と油みたいな関係だった薩摩と長州の間に入って薩長連合をまとめたのが幕末のヒーロー、土佐《とさ》の坂本龍馬《さかもとりょうま》。今で言う俺だけどね。

幕府は長州を討つべく、西郷隆盛を参謀《さんぼう》とする征討軍《せいとうぐん》を派遣《はけん》した。長州藩は戦火を交《まじ》えることなく降伏するが、まもなく徹底抗戦を主張していた高杉晋作《たかすぎしんさく》らが藩権力を奪取し、藩内に叛乱《はんらん》を拡大してゆく。このとき西郷は、状況を危険視する反対派を強引に説得し、征討軍を解散してしまう。その結果長州藩は、桂小五郎（木戸孝允）を中心とする倒幕派によって掌握《しょうあく》された。攘夷は捨て、イギリスをはじめとする諸外国との友好を深め、民衆による新式軍隊も組織した。

一方薩摩藩でも、西郷や大久保利通《おおくぼとしみち》らが指導権を握って反幕の姿勢を明確にし、もはや反長州政策をとることもなくなっていた。

倒幕を実現するにはこの両藩の提携《ていけい》が最上の道であり、また互いにとって必要でもあった。だが、これまでのことは水に流して、などとは薩長どちらからも言えることではなかった。そこで土佐出身の中岡慎太郎や坂本龍馬が間に立って、互いのメンツを立てつつ話を進めてゆくことになる。

太田——もともと、どこで会談するかっていうことでもかなりもめたらしいな。

田中——そりゃそうだろうね。長州側としては、西郷のほうから下関に会いに来るのが当然と思っていただろうし。

薩長同盟が結ばれるチャンスは、実際に結ばれた年の前年にもあった。中岡慎太郎や土方久元《ひじかたひさもと》、そして坂本龍馬らが説得し、西郷が京都へ向かう途中で下関に立ち寄り桂小五郎と会談するようセッティングが完了していたのである。桂を説得するには三日もかかったという。ところがいよいよそのときになって、西郷は途中の佐賀港で急いで上京するようにとの連絡を受け、下関には寄らずに大阪へ直航してしまう。桂はすっぽかされてしまったわけである。

西郷のドタキャンは、長州再征の勅許《ちょっきょ》が出されないように朝廷工作を急ぐ必要があったためだったらしいが、長州側では薩摩の真意を疑わざるを得ない。そこで長州は案を出した。長州藩は、幕府の圧力で外国から武器や艦船を買うことができなくなっていたので、薩摩藩の名義でそれらを買ってくれるなら信用しよう、という条件をつけたのである。この買い付けには坂本龍馬が指揮する亀山社中《かめやましゃちゅう》、後の海援隊《かいえんたい》が活躍した。

また薩摩からも、上京する艦船が下関で兵糧米《ひょうろうまい》を購入できるようにしてほしいと長州に依頼してきた。仲介役はやはり龍馬である。長州は驚きながらも承諾した。

このような龍馬らの奔走《ほんそう》によって両藩の関係は、行き違いながらも徐々に改善され、同盟に向けて機は熟していった。

そして慶応二年（一八六六）一月、ついに両藩の会談が実現した。

一月八日、桂小五郎は京都に到着し、まず薩摩藩邸に入ってから小松帯刀邸に移った。西郷や大久保らと面談し、もう何の問題もなく話が進むかに見えた。

太田――西郷にしても桂にしてもお互いプライドが高いから、同盟を結ぶなんて話は、相手から言い出さない限り自分のほうからは言えないと思っていて、結局龍馬が来るまで何も話さなかったらしいからな。

田中――それじゃ、何のために会ってるのかわからないよな。そんなにプライドが高かったんだ。

薩摩は毎日桂たちをごちそうでもてなした。が、肝心の話はいっこうに出ない。毎日、ごちそうばかり。桂は、いらだつ。

二十日になって、龍馬がやってきた。

このとき龍馬は風邪をひいていた。大阪にいた十八日に薬を六服ものみ、それで治ったように見えたのだが、翌日に伏見《ふしみ》の寺田屋に入ると再び発熱、夜は眠れなかったという。薩摩藩邸を訪れたとき、体調は悪かったに違いない。だが、会談の成果を楽しみにして心軽くもあったはずだ。

ところが、桂に会って驚く。談判《だんぱん》の首尾をたずねたところ、桂は姿勢を正して「せっかくご尽力いただいたが、私はこのまま帰国するつもりです」と言うのだ。「薩摩藩は進退自由な立場だが、長州藩は天下を敵にまわして孤立している状態です。なのに毎晩宴会ばかりで、いつになっても連合の話が出ない。ここでこちらから切り出せば、憐れみを乞うことになります。そのような面目《めんぼく》ないまねはできません。それで、もう帰ろうと思いつつ、ただ君に感謝だけは言いたくて、来るのを待っていたのです」。

龍馬は「なるほど、もっともです。しかし、この連合は日本を救うためのものなのですから、一藩の私情は抑えねばなりません。いましばらくお待ちください」と言って西郷のもとへ行き、無情をなじって、ようやく話を切り出させることに成功した。

まるで見てきたような話だが、これは土佐の勤皇志士たちを顕彰《けんしょう》する目的で大正元年に編まれた『維新《いしん》土佐《とさ》勤王史《きんのうし》』によって初めて知られるようになった逸話《いつわ》だという。

その書では当然、土佐人の活躍が大きく評価されがちである。

対して、薩摩藩側に立った記録では事情が違っている。薩摩藩家老《かろう》の記録『桂久武《かつらひさたけ》日記《にっき》』を資料として明治四十三年（一九一〇）に書かれた勝田《かった》孫弥《まごや》「薩長連合の事情」（『防長史談会雑誌』三十八号）によれば、同盟の話し合いが遅れたのは家老の桂久武が病気で引きこもっていたためで、その回復を待って会談が行われ、十八日にはほぼ盟約が成立していたという。こちらを信じるならば龍馬の説得は必要なかったことになる。そこで最近、薩長同盟締結の場に龍馬はいなかったという「龍馬不介在説」が唱えられるようになった。

太田――お前ごときに、このときの龍馬の気持ちがわかってたまるか。龍馬は、まさにこの瞬間のために生きてきたと言っても過言ではないんだ。俺はこのときの龍馬の目に光った涙をいまだに忘れない。

田中――お前、そこにいたのかよ！　誰なんだよお前は！　それで、結局、西郷は折れたのかよ。

太田が激昂《げっこう》するのも無理はない。龍馬ファンにとっては大問題である。仮にその場で龍馬が仲介していなかったとしても、それまでの彼の活躍なしにこの日は訪れなかっただろうから、龍馬の価値が下がるわけではない。だが、自藩のプライドにこだわる視野の狭い者どもを土佐の一浪士が叱りつけ、そこから日本の運命が大きく変わるというドラマチックな一瞬。龍馬の魅力を集約するような、その人生のクライマックスともいうべきこの出来事があったか、なかったか。当然、論争になった。[注1]

どちらにもたしかな証拠があるわけではないから、状況証拠の勝負となる。現在のところ、やはり龍馬の斡旋《あっせん》があったとする説のほうが有力なようだ。だが実のところ、同盟が合意に達した正確な日さえはっきりはしていないのである。

太田——もちろん、「おいどんが、悪かったですばい」って。

田中——うそつけ！　そんなベタベタなインチキ薩摩弁使うかよ！

太田——おわびのしるしに眉毛をはずして、桂に渡したらしいね。

田中――つけ眉毛かよ！　そんなもんはずしてもおわびになんねえよ！

龍馬は西郷を「小さく叩けば小さく響き、大きく叩けば大きく響く。もし馬鹿なら大馬鹿、利口なら大利口だろう」と評したという。つかみどころのない印象を与える人物だったらしい。会ってすぐに大人物だと敬服する人もあれば、バカにする人もあった。今日でも、その評価は分かれるようだ。外見にしても、写真は一枚も残されていない。今日では肖像画や上野公園の銅像が西郷の姿として定着しているが、銅像の除幕式では遺族が本人に似ていないと抗議したというから、西郷の本当の眉がどんなだったかも実はよくわからないわけである。

［注1］この論争については、一坂太郎「薩長同盟の新事実」、冨成博「薩長同盟の謎と真実」（共に『共同研究・坂本龍馬』新人物往来社・一九九七年）、菊池明『龍馬』（筑摩書房・一九九八年）を参照。

645

飛鳥時代 大化の改新の巻

●645（大化1）年6月―中大兄皇子（後の天智天皇）が中臣鎌足（後の藤原鎌足）らとともに、当時権力を誇っていた蘇我氏一族の入鹿を宮中で暗殺し、その父・蝦夷を彼の自邸にて自殺に追い込んだ。これによって皇太子となり実権を掌握した中大兄は、新政権を樹立し年号を制定して「大化」とした。また、翌年には改新之詔を公布して天皇制中央集権国家の基盤を整えた。広義では、大宝律令の制定（701年）までの約半世紀を含めて「大化の改新」ということもある。写真は藤原鎌足像（東京国立博物館蔵）。

田中――今回のテーマは、大化《たいか》の改新《かいしん》なんだけど……。
太田――日本史っていうと必ず出てくるよな、大化の改新、大化の改新って。
田中――それだけ重要な出来事なんだろ。
太田――そんなに大化の改新がいいんなら、いっそのこと大化の改新の家の子になっちゃえっていうんだよ！
田中――自分の得意分野じゃないからって、わけのわからないボケ方でごまかすなよ！
太田――日本史の教科書なんか見てると、十ページに一回は大化の改新が起きてるからな。もういいかげんわかった！ってんだよ。
田中――一回しか起きてねえよ！ そんなにしょっちゅう大化の改新が起きてどうすんだよ！
太田――そもそも大化の改新ってのは、いつのことなんだよ。
田中――起きたのは、六四五年。

太田――ふん、若えな……。
田中――どういう意味なんだよ！
太田――日本もその頃はまだまだ若いってことだよ。もう二〇〇〇年だぜ、どうせその頃はまだ、中大兄皇子《なかのおおえのおうじ》あたりが活躍してた時代だろ。
田中――知ってんじゃねえかよ！　その中大兄皇子と中臣鎌足《なかとみのかまたり》（＝後の藤原鎌足《ふじわらのかまたり》）が、蘇我《そが》氏親子を滅ぼして起こったのが、大化の改新だよ。
太田――いい親子だったけどな。
田中――知り合いみたいな言い方すんなよ！
太田――蘇我蝦夷《そがのえみし》と入鹿《いるか》って、どうにもこうにも変な名前の親子でね。
田中――当時は別に変じゃねえんだよ！
太田――まわりからよく〝珍名親子〟ってバカにされてね。
田中――されてねえよ！
太田――しかし、自分の息子に〝入鹿〟ってつけるかね。「鹿に、入る」で、「いるか」って意味わかんねえし、つけられた本人も、いったい親父は自分にどんな人間になってほしいと思ってるのか。鹿のように美しく、たくましく育ってほしいって意味なのか。いや、でも待てよ。「鹿に入る」だから、やっぱり鹿の体の中に入り込むような、大胆なことのできる人間になれ、って意味なのか……。

田中――そんなこと悩まねえよ！

太田――それとも単に〝イルカ〟ってことで、フォーク歌手にしたかったのか。

田中――時代がぜんぜん違うよ！

太田――でも、その親父の〝蝦夷〟にいたっては、まったく何のことだか皆目《かいもく》見当もつかないよな。「えみし」って何？

田中――いいんだよ！　そんなことはどうだって！

太田――しかし、蝦夷は絶対、夜、酔っぱらって家に帰ってきて「おーい、入鹿はいるか？」ってギャグは何度も言ったろうな。

田中――言わねえよ、絶対！

太田——どっちにしろ、今だったら絶対区役所で認めてもらえない名前だよな。当時はよく戸籍《こせき》係が文句つけなかったよな。

田中——その戸籍自体が、この大化の改新によってできたんだよ！

太田——えっ、そうなの？

田中——そう、翌年六四六年に発布《はっぷ》された〃改新之詔《かいしんのみことのり》 四カ条〃の其の三、「戸籍・計帳の作成と班田収授法《はんでんしゅうじゅのほう》の実施」というので、初めてこの日本に戸籍というものができたんだよ。これは小野妹子《おののいもこ》に従って中国に渡っていた留学生たちが持ち帰った新しい国家体制の思想で、豪族《ごうぞく》が支配していたそれまでの体制をうち崩して、きちんとした法律を作って国をまとめようという、律令国家成立《りつりょうこっか》のきっかけになった法律なんだよ。

太田——出た！　小野妹子！

田中——出た、ってことねえだろ！

太田——こいつもひどい名前だよな。

田中——いいかげん、名前から離れろよ！

太田――〝イモ子〟って、しかもこいつ男なんだぜ！
田中――カタカナにすんなよ！
太田――男にイモ子って、つけるかね。お前、同じクラスに〝イモ太郎〟って名前の女がいたらどうする？……絶対いじめるだろ。
田中――どうでもいいよ！　そんなこと。
太田――おそらく小野妹子も、自分の名前が嫌で嫌でしょうがなかったんだろうな。それで一刻も早くちゃんとした戸籍が作りたかった、みんなのそういう想いがつのって起こったのが、大化の改新なんじゃないか？
田中――ぜんぜん違うよ！　この頃、中国は「唐《とう》」の時代で、日本よりもぜんぜん進んでいて、日本は唐からあらゆることを学んでいたんだよ。このちょっと前の六世紀頃、中国南北朝の時代には、朝鮮三国を経由して仏教が初めて伝えられて、それが日本では法隆寺《ほうりゅうじ》などを代表とする〝飛鳥文化《あすかぶんか》〟として栄えたんだよ。
太田――栄えなかったのは〝チャゲ文化〟。

田中――くだらねえんだよ！　小野妹子は、その後中国を統一した「隋《ずい》」に〝遣隋《けんずい》使《し》〟として派遣《はけん》された人で、これを行ったのが聖徳太子《しょうとくたいし》なんだよ。

太田――ああ、あの変な帽子かぶった、キツネ目の男ね。

田中――そういうたとえ方すんなよ！　とにかく、大化の改新というのは、聖徳太子から始まった、中国に見習って日本もきちんとした国家という体制を形作ろう、という思想をぐっと推《お》し進《すす》めることになった、大切なクーデターだったと言えるんじゃないかな。

太田――なるほどね。で、それを行ったのが中大兄皇子と、中臣鎌足。

田中――そう、この二人がいなければ、その後の日本の歴史は大きく変わっていただろうね。それぐらいこの二人の出会いは重要だったわけで、二人が出会ったきっかけとなった出来事のことは「蹴鞠事件《けまりじけん》」といって史表に残っているくらいなんだ。

太田――蹴鞠事件？

田中――蹴鞠というのは、バレーボールのようにマリを足で蹴り合って続ける当時の遊びなんだけど、たまたま飛鳥の法隆寺の蹴鞠の会で、中大兄皇子の靴が脱げたのを中臣鎌足が拾って渡したのが二人の出会いで、これを蹴鞠事件って言うんだよ。

太田――「事件」っていうほどのことかよ！

田中――それくらい重要な出会いってことだよ。

太田――くだらねえことを事件とか呼びやがって、そんなの小学校のときにクラスメートがウンコもらしたのを「吉田のウンコ事件」とか言ってるのと同じことだぜ。

田中――ぜんぜん違うよ！

太田――そんなんだったら、俺が小学校のときにはもっとすごい事件があったぜ。

田中――何だよ。

太田――「フミタカのゲロ玉事件」

田中――そんなのと一緒にすんなよ！

太田――体育の授業中、気持ち悪くなったフミタカが……。

田中――いいよ！　聞きたくねえよ！……とにかく大化の改新っていうのは、日本の歴史の中で、いろんな意味合いで重要な出来事だってことだよ。初めて年号というものを定めて「大化」としたのもこのときだからね。

太田——へえー、じゃ、今の日本の政府があるのはやっぱり大化の改新のおかげだな。

田中——なんで急にそうなるんだよ。

太田——大化の改新がなければ、小渕《おぶち》さんも「平成《へいせい》」って発表できなかったんだろ。

田中——いいかげんにしろ！

【解説】

飛鳥時代のクーデターに始まる「大化の改新」は、律令国家を生み出し、大和《やまと》の古代王権を確立した。だが、この改新には多くの謎がある。

太田——蘇《そ》我蝦夷《がのえみし》と入鹿《いるか》って、どうにもこうにも変な名前の親子でね。

たしかに、どちらも妙な名前だ。しかもその蝦夷の父親の名前がまた、馬子《うまこ》である。「珍名親子」どころか、代々珍名をつける家風だったのかと思ってしまう。

なにしろ蘇我氏の伝説上の祖とされる武内宿禰《たけうちのすくね》などはともかくとして、おそらく史実であろうと考えられている系図をたどると、満智《まち》、韓子《からこ》、高麗《こま》、稲目《いなめ》、そして馬子となる。満智というのは百済《くだら》人に見られた名前であり、韓子、高麗は朝鮮半島の加羅《から》(任那《みまな》)や高句麗《こうくり》という国名にちなんだ名前である。

そこで、蘇我は渡来人《とらいじん》だったのではないかという説もあるのだが、おそらくは国際結婚による子供であったか、蘇我氏の子供を養育した氏族の本国名にちなんだものではなかったかと考えられている。

いずれにせよ国際派の家柄で、今日でいえば横文字っぽい雰囲気の名前をつけたようなものだろうか。仕事も、斎蔵《いみくら》、内蔵《うちのくら》、大蔵《おおくら》の三蔵《さんぞう》の検校《けんぎょう》といって、現代の大蔵大臣にあたるような立場にあり、実務は秦《はた》氏、東文《やまとのあや》氏、西文《かわちのあや》氏という渡来系氏族が行っていた。それらの渡来系氏渡の上司であった蘇我は、大陸の教養に通じたインテリ一家だったのである。いち早く仏教を信仰し始めたのもそのようなお家柄であればこそ。大陸の最先端文化の輸入元で、経済官僚のトップの家系。名前は、そのことを表すようにしてつけられていたらしい。

だがそう考えると、蝦夷という名前はいっそう奇妙に思えてくる。蝦夷といえば東国の人々のことである。たびたび「征伐《せいばつ》」の対象にもされた、ヤマトの王権にまつろわぬ人々の呼称でもある。ハイカラさとは正反対の印象だ。

それはどうやら、蘇我氏が早くから東国を支配していたことと関係あるらしい。五世紀の雄略天皇《ゆうりゃくてんのう》の頃から東方への進出が進み、大王の妃《きさき》や王子の養育の経済基盤となる「子代《こしろ》」「名代《なしろ》」という部民《べみん》が多く設けられるようになるが、六世紀後半になると、蘇我氏も東国に大きく地盤を築いていた。今も千葉県に蘇我という地名があるように、千葉県には特に蘇我部の民が多かったという。

東国は野蛮で辺鄙《へんぴ》な土地と見なされたが、ヤマトにとってのフロンティアであり、大王家にとって、また蘇我氏にとっても経済力や軍事力の重要な供給源だった。朝鮮半島の国名にちなんだ名前に国際派経済官僚としての力の背景を誇示する響きがあったとしたら、蝦夷には東国フロンティアの経済や戦闘力を支配している者としての力を示す意味があったらしい。その未開の地に強烈なマジカルな力を連想させるものがあっての命名であったとの説もある。[注1] ただし、蝦夷や入鹿はその生前に用いられた名ではなく、『日本書紀《にほんしょき》』に記録するにあたって彼らをおとしめるべく改名された名であろうとする、正反対の異説もある。[注2]

太田――いい親子だったけどな。

田中――知り合いみたいな言い方すんなよ！

蘇我の親子は、いい親子だったか、悪い親子だったか。

『日本書紀』には蘇我氏の専横《せんおう》ぶりがいろいろと記されている。

たとえばその頃、官僚たちが朝の勤務に遅刻ばかりするようになったので、綱紀粛《こうきしゅく》正《せい》をはかって午前六時から十時までを勤務時間と決め、鐘をついて知らせるようにしたのだが、大臣《おおおみ》という地位にありながら、蝦夷はその取り決めに従わなかったという。

また、大王のみに許されている「八佾《やつら》の舞」を葛城《かずらき》の蘇我の祖廟《そびょう》で行い、さらには大臣の位を表す紫冠《しかん》を勝手に息子の入鹿に与えた。そして蝦夷の家と入鹿の家とを並べて建て、それらを「上《うえ》の宮門《みかど》」と「谷《はさま》の宮門《みかど》」と呼び、自らの子女を王子《みこ》と称した。家の周囲には柵《さく》を築き、武器庫を造って、武装した者たちに警備させたという。

つまり大王をないがしろにし、自らが大王であるかのようにふるまい、また不穏なまでに軍備を充実させていたようすが記されているのである。

そしてとうとう六四三年十一月には入鹿が、蘇我の意向に逆らって皇位継承の最有力候補となっていた山背大兄王《やましろのおおえのみこ》を襲い、その一族を滅ぼしてしまう。このときばかりはさすがの蝦夷も、「ああ、なんてバカなことをしたんだ。お前も殺されるぞ」と怒りののしったという。

これらの『日本書紀』の記録は、その後のクーデターを正当化するためことさらに蘇我氏を悪く描いている面があると考えられ、そのままに信じるわけにはいかないにしても、蘇我の実権が大王をしのぐほどに大きくなっていたことは事実だった。

ところで古代の豪族には、皇別《こうべつ》と神別《しんべつ》という二種類があった。

皇別とは地名に臣《おみ》のつく氏名を持っていて、その土地を地盤とする豪族であった一族。つまり大王家がトップをとっていなければ、対等な立場にあった一族である。その最有力者が大臣で、蘇我氏は稲目の時代からその地位についた。

対して神別とは、大和政権下での職掌《しょくしょう》を名として連《むらじ》姓を名乗り、もともと大王家の家臣であった一族である。その最有力者は大連《おおむらじ》と呼ばれ、大伴《おおとも》氏と物部《もののべ》氏とがその地位にあった。大伴氏は五四〇年に失脚し、以後の大連は物部氏のみとなる。

蘇我氏と物部氏とは共に大和政権を支えていたが、やがて仏教崇拝《すうはい》などをめぐって激しく対立、五八七年の蘇我・物部戦争で馬子らが物部氏を滅ぼしてしまうと、大連という役職もなくなり、蘇我氏はその権力を一気に強めた。また、稲目の代からは娘を大王に嫁《とつ》がせて外戚の立場を手に入れ、用明《ようめい》、崇峻《すしゅん》、推古《すいこ》と蘇我の娘を母とする天皇を誕生させてもいる。

こうして蘇我氏の勢力があまりに強くなると、もともと大王家とは対等な立場から出た皇別の豪族だから、大王家にとって危険な存在と見なされるのは当然だっただろう。

太田——ああ、あの変な帽子かぶった、キツネ目の男ね。

田中——そういうたとえ方すんなよ! とにかく、大化の改新というのは、聖徳太子から始まった、中国に見習って日本もきちんとした国家という体制を形作ろう、という思想をぐっと推《お》し進《すす》めることになった、大切なクーデターだったと言えるんじゃないかな。

田中が指摘するとおり、中国にならった中央集権的な国家体制を作ることが、大化の改新の目的だった。漢《かん》が二二〇年に滅亡してから魏晋《ぎしん》南北朝時代が続いていた中国大陸では、五八九年に隋が統一を果たし、六一八年には隋を滅ぼして唐が成立した。この王朝は強大な大唐帝国へと成長してゆく。そうなると周辺諸国でも、その圧力に対抗する必要から政治権力の集中統一化が見られるようになった。すなわち、朝鮮半島の各国、そして倭国《わこく》でも政変が相次ぐことになったのである。六四二年に高句麗でクーデターが勃発《ぼっぱつ》し、百済でも政変が起きたことを『日本書紀』は記している。蘇我が厳重な防備を構えていたのは、こうした国際情勢からわが身の危険を予感していたためらしい。

「大化の改新」の首謀者となった中臣鎌足は、祭祀《さいし》を職とする家系ながらその職を固辞し、別邸にこもって漢籍《かんせき》に親しんでいた。それで唐や朝鮮の事情にもくわしかったのだろう。政治改革の必要を感じ、なんとか中大兄に謀略《ぼうりゃく》の主となるように持ちかけようとチャンスをねらっていた。そこに起きたのが、「蹴鞠事件」である。

太田――「事件」っていうほどのことかよ！

田中――それくらい重要な出会いってことだよ。

太田――くだらねえことを事件とか呼びやがって、そんなの小学校のときにクラスメートがウンコもらしたのを「吉田のウンコ事件」とか言ってるのと同じことだぜ。

太田は「くだらねえことを事件とか呼びやがって」と、この「事件」に対する違和感を表明しているけれども、実は似たような話が朝鮮の史書にも見られることから、この一件はフィクションだったかもしれないという説もある。

きっかけはどうあれ二人は知り合い、共に中国帰りの学僧・南淵請安《みなぶちのしょうあん》のもとで儒《じゅ》教《きょう》を学ぶことにして、その行き帰りを利用し、計画を練った。まず、蘇我倉山田石川《そがのくらのやまだのいしかわ》麻呂《まろ》の娘と中大兄とが政略結婚し、蘇我一族のなかに味方をつくる。そして、入鹿の暗殺だ。

『日本書紀』はこのクーデターのようすを、とてもドラマチックに記している。六四五年六月十二日、朝鮮三国からの調《みつき》を進上する儀礼が偽装された。常に刀を手放さない入鹿がやってくると、道化の俳優《わざおぎ》が巧みにだまし笑わせながら刀をはずさせる。そして皇極天皇《こうぎょくてんのう》の前で倉山田石川麻呂が上表文《じょうひょうぶん》を読み上げるうち、潜ませておいた二人の刺客《しかく》が斬《き》りかかる――はずだった。ところが刺客たちはおびえてしまい、動かない。石川麻呂は緊張して汗をかき、入鹿が不審を感じ出す。ついに業《ごう》を煮《に》やした中大兄が自ら率先して斬りつけた。地に倒れた入鹿は天皇に無実を訴え、助けを求めた。だが中大兄が、入鹿は皇族を滅ぼして王統を絶とうとしていると説明したところ、天皇は黙って殿中《でんちゅう》に入ってしまったという。

息子が殺されたとの連絡を受けた蝦夷はただちに戦《いくさ》の準備にかかったが、配下の者らにも見捨てられ、自害《じがい》を選ぶしかなかった。こうして蘇我本宗家は滅びた。

この事件は干支《えと》でいえば乙巳《いっし》の年に起きたことから、「乙巳《いっし》の変《へん》」と呼ばれた。ちなみに「大化の改新」とは、明治以後に作られた言葉だという。

乙巳の変の後、皇極天皇は軽皇子《かるのみこ》に譲位し、中大兄は皇太子となった。中臣鎌足は内臣《うちつおみ》に、蘇我倉山田石川麻呂は右大臣《うだいじん》に任命されている。

そして、さまざまな制度の改革が始められた。「大化」という年号が定められ、このときから年号の使用も始まったとされる。

翌年には「改新之詔」が発布された。その内容をごく簡単に挙げると、次のようになる。

●土地や人民をすべて公有とする公地《こうち》公民《こうみん》制。

●国《こく》・郡《ぐん》・里《り》の制などの中央集権的な地方行政制度。および交通、軍事制度の整備。

●戸籍、計帳の作成。および耕地を人民に公平に割り当てるという班田収授の法。

●租《そ》・調《ちょう》・庸《よう》の新鋭制のもとに全国の租税を統一。

いずれも天皇を頂点とする中央集権国家を確立するための制度改革である。これまでの背景と経緯を思えば、なすべきことがなされたのだと思える。だが、現実にこうした改革がこの時点で行われたのかどうか、実は怪しい。

太田――日本史の教科書なんか見てると、十ページに一回は大化の改新が起きてるからな。もういいかげんわかった！ってんだよ。

田中――一回しか起きてねえよ！　そんなにしょっちゅう大化の改新が起きてどうすんだよ！

太田――そもそも大化の改新ってのは、いつのことなんだよ。

大化の改新とはいつの出来事だったのか。実は冗談でなく、このことは昭和二十七年（一九五二）以来長く議論されてきた。注3

たとえば、戸籍が初めて完成したのは六七〇年の庚午年籍《こうごねんじゃく》で、戸籍の定期的なチェックが行われるのは六九〇年の庚寅年籍《こういんねんじゃく》からのことである。したがって戸籍を前提とする班田収授の法が実施されたのも、それ以後になる。そのほかにも、当時の制度ではまだ使われていなかった言葉が「改新之詔」の中にあるなど、いくつもの疑問がある。

そこで、実は「大化の改新」などなかった！『書記』の編纂者《へんさんしゃ》による虚構《きょこう》だったのだ！という説さえ唱えられ、長年にわたって論争が繰り返されてきた。厳密にはまだ決着はついていない。だが通説は、「あった」と「なかった」との中間にある。

平成十一年（一九九九）十一月には、難波宮跡《なにわのみやあと》から六四八年を示す「戊申年《ぼしんねん》」という文字が記された木簡《もっかん》が出土したと発表されたが、その木簡に地方からの献上品と見られる品名があったことなどから、改新から間もない時期にある程度は律令制の基盤ができていたと見られ、改新が何の実質も伴わない虚構であったという可能性は小さくなった。だが改新はあったにしても、五十年近くの歳月をかけて徐々に実施されたさまざまな改革が、乙巳の変の直後の五年間に一気に行われたかのようにまとめて記されていることもまた確かなのである。

『日本書紀』は、わが国が唐に匹敵する歴史や文化を持っているということを示す目的で編纂されたといわれている。そのために、帝国としての国家の再生をこのような劇的な物語に仕立てて、カッコよく、力強く、語りたかったようだ。クーデターのシーンがやけにドラマチックに描写されているのも、そのためだろう。

太田——ふん、若えな……。

田中——どういう意味なんだよ！

太田——日本もその頃はまだまだ若いってことだよ。

まさに若かったのだ。背伸びして見せたい年頃だった。「大化の改新」の本質は、そこにある。

［注1］黛弘道『物部・蘇我氏と古代王権』（吉川弘文館・一九九五年）
［注2］門脇禎二『蘇我蝦夷・入鹿』（吉川弘文館・一九七七年）
［注3］野村忠夫『研究史 大化改新』（吉川弘文館・一九七三年）

安土桃山時代

信長・秀吉・家康の巻

●1573（天正1）年7月―織田信長が将軍・足利義昭を追討し、室町幕府が滅亡。これによって天下統一に乗り出した信長は志半ばで明智光秀の急襲を受け、本能寺で自刃した。信長の遺志を継いだ羽柴（後の豊臣）秀吉が光秀を討ち、1590年に天下を統一。徳川家康は信長、秀吉に相次いで協力したが、秀吉の病死後は豊臣氏を滅ぼし、天下統一を完成した。写真は織田信長像（長興寺蔵）。

1573

太田――しかし驚きましたね。ジャイアント馬場さん、突然亡くなっちゃいまして。

田中――ええ、まあ、たしかにね。

太田――というわけで、今回の「日本史原論」はプロレスの歴史について……。

田中――ちょっと待てよ！　日本史の中に入れるのはいくらなんでもまだ早すぎるだろ！

太田――いや、プロレスと日本史を照らし合わせて考えてみると、けっこう面白いんだよ。

田中――そうなの？

太田――まあ、俺はプロレスも日本史も、どっちもくわしくないんで、わからないんだけど。

田中――だったら、こんな連載するなよ！

太田――日本史における織田信長《おだのぶなが》・豊臣秀吉《とよとみひでよし》・徳川家康《とくがわいえやす》と、プロレス界における力道山《りきどうざん》・アントニオ猪木《いのき》・ジャイアント馬場というのは、けっこう共通点があるんだよ。

田中――ははあ、なるほどね。

太田――キャバレーで暴力団に刺されても平気な顔で酒を飲み続けていて、結局それがたたって死んでしまったという力道山と、「鳴かぬなら殺してしまえ」の暴君として知られる織田信長。修業時代、力道山の靴を玄関でそろえて履《は》かすのが仕事だったというアントニオ猪木と、木下藤吉郎《きのしたとうきちろう》時代、織田信長の草履《ぞうり》を懐《ふところ》で温めていた、という逸話《いつわ》で知られている豊臣秀吉。

田中――ほう、なるほどね。

太田――亡くなったとき、その体に合った特注の棺《ひつぎ》が間に合わなかったというジャイアント馬場と、身長が二メートル三十センチあったといわれている徳川家康。

田中――そんなこといわれてねえよ！　うそついてまで共通点つくるなよ！

太田――言わなきゃわかんねえのに！

田中――わかるよ！

太田――でも、なんとなく共通点があるんだよ。力道山はキャバレーで不意に刺されたけど、織田信長も、本能寺《ほんのうじ》で明智光秀《あけちみつひで》によって不意をつかれて自ら城に火を放ち切腹したんだから、その豪快な死に様。

田中――まあ、たしかにそういう点では、似てるって言えなくもないな。

太田――そのとき信長のそばにいて、信長を死守すべく戦った美青年・森蘭丸《もりらんまる》は、プロレス界で言えばツバ攻撃の永源遙《えいげんはるか》かな。

田中――イメージも関係性もぜんぜん違うよ！

太田――日本だけにとどまらず、朝鮮出兵《ちょうせんしゅっぺい》をした豊臣秀吉と、異種格闘技戦としてアメリカからモハメッド・アリを呼んで試合をしたアントニオ猪木。

田中――たしかにね。

太田――猪木やその他の団体からの執拗《しつよう》な挑発に対しても、大木のようにどっしりとかまえ、黙《もく》して語らず、最後まで自分のプロレスのスタイルを崩《くず》さなかった馬場と、「鳴くまで待とう」の歌のとおり、自分の天下になるまで武田《たけだ》信玄《しんげん》、信長、秀吉が倒れるのをジッと待ち続けた家康。

田中——うん、そう言われてみると、説得力があるようなないような……。でも、たしかに馬場さんって人は、プロレスラーにしてはとても控えめで温厚なイメージがあったし、徳川家康もその頃の戦国武将の中ではとても珍しく堅実で忍耐強いよな。短気で気の荒いほかの武将に比べたら気が長く、まさに待って待って待ち続ける、という人だったみたいだからな。

太田——当時、ほかの武将たちから「お前は、あみんかっ！」て言われてたらしいからな。

田中——言われてねえよ！

太田——でも、こうやって考えていくと、ほかの歴史上の武将たちもプロレスラーにたとえられてけっこう面白いんだよ。

田中——たとえば誰が誰なんだよ。

太田——坂田金時《さかたのきんとき》が大木《おおき》金太《きんた》郎《ろう》。

田中——金太郎ってだけじゃねえか！

太田——前田《まえだ》利家《としいえ》は、前田日明《あきら》。

田中——前田ってだけだろう！

太田——フランシスコ・ザビエルが、ボボ・ブラジル。

田中——何の共通点もねえよ！　ただ外国人ってだけじゃねえかよ！　しかも、フランシスコ・ザビエルは武将ですらないし。

太田——あと、信長の時代にイエズス会のすすめによってローマに派《は》遣《けん》された伊《い》東《とう》マンショ・千々石《ちぢわ》ミゲル・中浦《なかうら》ジュリアン・原《はら》マルチノの〝天正少年使節団〟は、渕正《ふちまさ》信《のぶ》、大熊元司《おおくまもとし》、永源遙の〝悪役商会〟。

田中——だから、ぜんぜん違うって言ってんだよ！　お前さっき、永源遙は森蘭丸だって言ってたじゃねえか！

太田——森蘭丸は、サンダー杉山《すぎやま》のまちがい。

田中——何だっていいんじゃねえかよ！

太田——武田信玄は武田《たけだ》真治《しんじ》で、石田《いしだ》三成《みつなり》はいしだ壱成《いっせい》。

田中——名前だけだろ！　レスラーですらねえじゃねえか！

太田——アブドーラ・ザ・ブッチャーは、ブッチャーブラザーズのブッチャーさん。

田中——お前、それを言い続けることに、何の意味があるんだよ！

太田——まあとにかく、性格の違うビッグな三人がいて、大きな時代の変化が起きたという意味では、信長・秀吉・家康と力道山・猪木・馬場というのが共通するということだな。

田中——まあ、たしかにな。

太田——でも、この信長・秀吉・家康の人間性については、後から小説になったりして、脚色されてできたイメージがかなりあるから、実際のところどうだったかっていうのはなかなかわからない。

田中——まあ、そりゃそうだろうね。

太田——信長なんか一説では、政治家としての才能は皆無《かいむ》に等しかったといわれている。そのかわり、軍師としては天才的だったとされているけれども、それも武田信玄には及ばなかったのではないかという説もある。もし信玄が病死していなくて、もう何年か生きていたら、そして直接信長と戦っていたら、天下を獲ったのはおそらく武田信玄じゃないかって言う人も多いな。

田中――そういう話もよく聞くね。

太田――たしかに肖像画で見る限り、武田信玄のほうがぜんぜん強そうだもんな。織田信長って桂歌丸《かつらうたまる》さんみたいな顔して、どう見ても弱そうだぜ。

田中――そういう判断の仕方すんなよ！

太田――まあ、どっちにしろ、本当のところはどうだかわからないんだよ、信長だって実際に会った人がいるわけじゃなし、本当にいたんだかどうだかもわからない。

田中――そんなこと言い出したら、ぜんぶそうだろうが！

太田――この世の中なんかなくなっちまえばいいんだよ！

田中――何わけのわからないこと言ってんだよ！

太田――まあ、そういう、もしも……っていう話が多いのも、戦国武将とプロレスの似てるところだな。もしも猪木と馬場が戦ったら……とか、もしも信玄と信長が戦ったら、とか。

田中――たしかにね。

太田――俺は、もしも徳川家康とジャイアント馬場が戦ったら、リングの上だったら馬場が勝つだろうし、兵を率《ひき》いていいんだったら家康が勝つと思う。

田中――当たり前だよ！

【解説】

日本史上で最もファンが多い時代は、戦国《せんごく》時代と幕末維新期《ばくまついしんき》だという。数多くのヒーローが活躍し、戦いの連続するドラマチックな時代だから、当然かもしれない。だが、ヒーローには実像とは違ったイメージがまとわりつくものだ。そこで歴史家は、史料と格闘しながら少しでも真実の姿に近づこうとする。

この点、プロレス・マニアも似ている。彼らの多くも、マスコミが伝える虚実《きよじつ》ないまぜの物語の向こうに何らかの真実を推測しながら楽しんでいるからだ。

太田——しかし驚きましたね。ジャイアント馬場さん、突然亡くなっちゃいまして。

平成十一年（一九九九）一月三十一日、ジャイアント馬場こと、馬場正平は息を引き取った。六十一歳だった。生涯に国内だけでも五七五八試合を戦い、死の前年十二月五日の武道館大会が最後のリングとなった。最期まで現役だった。

突然の訃報《ふほう》には馬場ファンならずとも驚き、昭和の一時代を象徴する人物がまた一人消えたという感慨《かんがい》を抱いたものだった。

太田——キャバレーで暴力団に刺されても平気な顔で酒を飲み続けていて、結局それがたたって死んでしまったという力道山と、「鳴かぬなら殺してしまえ」の暴君として知られる織田信長。修業時代、力道山の靴を玄関でそろえて履《は》かすのが仕事だったというアントニオ猪木と、木下藤吉郎《きのしたとうきちろう》時代、織田信長の草履《ぞうり》を懐《ふところ》で温めていた、という逸話《いつわ》で知られている豊臣秀吉。

力道山は、昭和二十八年（一九五三）に日本プロレス協会を発会。同年、山口利夫も大阪で全日本プロレス協会を、翌年には熊本で木村政彦が国際プロレス団を設立するなど、プロレス興業界は群雄割拠《ぐんゆうかっきょ》の様相を呈していた。力道山は、織田信長が鉄砲という新兵器を活用して長篠《ながしの》の合戦《かっせん》で勝利したように、テレビというニューメディアを利用して覇権《はけん》を握った。力道山は国民的英雄となり、日本プロレス協会はプロレス界の人気を独占した。

アントニオ猪木は、ジャイアント馬場とともに昭和三十五年（一九六〇）、日プロに入門。力道山から「アゴ」と呼ばれつつ、付き人として従った。編み上げ靴を履かせるのも役目のうちだった。どんなに厳しい稽古《けいこ》にも耐えられたが、力道山のまわりに集まった大勢のファンの前で理不尽《りふじん》に殴られたときの悔しさには、もうやめたいと思ったこともあるという。何百回も殴られるうち、これじゃバカになってしまうという不安も覚えた。先輩との試合でちょっと遠慮したときなどは、丸太で殴られたという。織田信長の残酷なまでの厳しさと、信長に仕《つか》えた木下藤吉郎の苦労にも似たものがあったとはいえようか。

一方、一緒に入門した馬場は殴られることはなく、特別な待遇を与えられていた。といっても特訓の厳しさは尋常《じんじょう》なものではなかったし、給料も食事にさえ事欠く程度だった。やはり何度も逃げ出したい思いにかられたという。

太田——でも、なんとなく共通点があるんだよ。力道山はキャバレーで不意に刺されたけど、織田信長も、本能寺《ほんのうじ》で明智光秀《あけちみつひで》によって不意をつかれて自ら城に火を放ち切腹したんだから、その豪快な死に様。

昭和三十八年（一九六三）十二月十五日、力道山は、赤坂にあったホテル・ニュージャパンの地下のキャバレー「ラテン・クオーター」で飲んでいるとき、暴漢に刺されて死亡した。人間離れした超人だと思われていたから、ファンは「あんな人でも、刺されれば死ぬのか」と大変なショックを受けたという。

力道山が死んだのは、プロレス界で絶頂にあったときなのは言うまでもなく、すでにスポーツジムを経営し、ゴルフ場やサウナなど多角的な事業へと手を広げつつあったときのことだった。プロレス興業で見せた経営手腕をより大きく発揮しようとしていたところだったのである。

織田信長の死も絶頂期のことだった。ほぼ天下を獲って、これから織田政権を確立し、経営してゆくはずのところだった。

太田――日本だけにとどまらず、朝鮮出兵《ちようせんしゆつぺい》をした豊臣秀吉と、異種格闘技戦としてアメリカからモハメッド・アリを呼んで試合をしたアントニオ猪木。

豊臣秀吉は天正十二年（一五八四）、小牧《こまき》・長久手《ながくて》の合戦で徳川家康・織田信雄《おだのぶかつ》の連合軍と戦い和睦した。この合戦後秀吉は、それまでは興味がなかった朝廷に急接近し、ついに武家としては前代未聞《ぜんだいみもん》の関白職《かんぱくしよく》につく。摂関《せつかん》の地位には五摂家《ごせつけ》といわれる家系の者しかなれなかったのだが、秀吉はそのうちの近衛《このえ》前久《さきひさ》の養子となって、関白就任を実現したのだった。

秀吉が将軍にはならずに関白となったのは、小牧・長久手の合戦に勝てず、東国を支配下に治められなかったためといわれる。東国を支配していないと征夷大将軍《せいいたいしょうぐん》の地位は得られなかったからだ。そこで関白となり、天皇の権威によって全国の覇者としての優位を確実なものにしようとしたのだという。

以後秀吉は盛んに天皇の権威を振り回すが、歴史家の今谷明《いまたにあきら》氏は、そうした「秀吉の言辞《げんじ》のはしばしに、家康に対する強烈なコンプレックスがみえかくれしている」と言う[注1]。

さて、猪木もまた馬場への強烈なコンプレックスを持ち、それをたびたび激しい言葉にしてきた。昭和四十六年（一九七一）、猪木は「会社乗っ取りをはかった」との理由で協会を追われ、翌年、新日本プロレスを創立。まもなく馬場も独立して、全日本プロレスを創設する。

以後、この二大プロレス団体、つまりは馬場と猪木との競合が続くことになるが、猪木が馬場を超えることはむずかしかった。

だが猪木は、ベルトを奪い合うという従来のプロレスの王道をはずれ、異種格闘技戦へと挑戦することで、それを果たそうとする。自己の属するフィールドを「プロレス」から「格闘技」へと移行させることで、馬場を超えようとしたのだ。五輪柔道の金メダリスト、ウィリアム・ルスカや、ボクシングのヘビー級チャンピオン、モハメッド・アリなど世界のトップ・ヒーローと対決することは、プロレスがインチキくさい興業ではないことを社会に認知させるための戦いでもあった。ウガンダの人喰い大統領・アミンと対決するという計画まであったが、さすがに実現はしなかった。

プロレスの枠を超えようとする猪木の意志は、ついに政治へも向かう。昭和六十四年（一九八九）には「スポーツ平和党」を組織して参院選に出馬。以後スポーツ外交で数々の話題を呼ぶことになる。特に、平成七年（一九九五）四月に北朝鮮で「平和の祭典」を開催したことは注目を集めた。

一方秀吉は、天皇の権威によって自らの立場を固めるとついに関東・奥羽《おうう》の服属をも実現し、天下統一を果たす。そして次に兵を送ったのは朝鮮だった。猪木は平壌《ピョンヤン》で平和を訴えてリングに上がったが、秀吉の出兵の目的はもちろん征服である。ただし、ねらいは朝鮮ではなく中国だった。文禄元年（一五九二）五月、ソウル陥落《かんらく》の報告を受けた秀吉は、二年後には北京《ペキン》に遷都《せんと》するという計画を立てた。ついで平壌も陥落したと聞くと自らも渡海しようとしたが、遷都計画に驚いた朝廷側の工作もあってついに果たさぬまま、慶長二年（一五九八）に病死した。

太田――猪木やその他の団体からの執拗《しつよう》な挑発に対しても、大木のようにどっしりとかまえ、黙《もく》して語らず、最後まで自分のプロレスのスタイルを崩《くず》さなかった馬場と、「鳴くまで待とう」の歌のとおり、自分の天下になるまで武田《たけだ》信玄《しんげん》、信長、秀吉が倒れるのをジッと待ち続けた家康。

「明るく、楽しく、激しいプロレス」が馬場のモットーだった。それは、清く正しく、まじめで、お客を喜ばすもの。ファイターであると同時に社長でもある馬場の経営哲学でもあった。ショー的要素を排して自己鍛錬《たんれん》を目指す「格闘技」の流行に対して、馬場はむしろ受け身の重要さを説き、プロレスは関節技や突き蹴《げ》りなどの格闘技の要素をもすべて併《あわ》せ持った、より総合的で高度なものだと語ってやまなかった。

猪木がストロング・スタイルのプロレスを追求し、そこからさまざまな格闘技系のプロレス団体が分立するようになって、一時は全日本のスタイルはもはや時代遅れとする風潮もあったが、やがてむしろ過激なのはこちらじゃないか、大人の世界じゃないかと見直されるようになり、馬場の見識や実力への再評価の声が高まってきた。その矢先の馬場の死だった。だが、馬場が基盤を固めた全日本プロレスはなお人気を保っている。注2

戦闘を指揮した武将としてだけではなく、三百年続く江戸《えど》幕府《ばくふ》の基礎固めをした政治家としての手腕にも優れていた徳川家康に、馬場が当てはめられるのは当然なのだろう。

太田——でも、この信長・秀吉・家康の人間性については、後から小説になったりして、脚色されてできたイメージがかなりあるから、実際のところどうだったかっていうのはなかなかわからない。

かつて家康は、神君として崇《あが》められていた。それが明治以降は「狸親父《たぬきおやじ》」とさげすまれた。山岡荘八《やまおかそうはち》が『徳川家康』を書いたら、経営者から愛される人気者になった。人物のイメージは時代とともに変化する。

織田信長も同様だ。信長は近代的な発想をし、あらゆる権威、天皇の権威さえも意に介さない、それどころか天皇を廃し、自らが生き神として君臨《くんりん》しようとまで考えるほど破格で豪放な野心家だった、とイメージされてきた。だが、たしかに中世的権威を片っ端から否定した信長だったが、実は天皇の権威には敗北したのだとする説がある。信長は戦いに天皇の権威をよく利用し、その弱みから、自立した行動をとり出した正親町天皇《おおぎまちてんのう》に何度も譲位を強要しながらも拒絶されてしまう。それで将軍となる道を選んで、天皇に征夷大将軍に推任してもらうことにした。ところがそうなる前に、明智光秀に殺されてしまったというのである。[注3]

誰もが知っているヒーローほど、実像とは違ったイメージが広まりやすいのは当然だ。プロレスラーも同じだろう。マスコミが伝えるさまざまな物語も、虚実は曖昧《あいまい》である。

太田――たしかに肖像画で見る限り、武田信玄のほうがぜんぜん強そうだもんな。織田信長って桂歌丸《かつらうたまる》さんみたいな顔して、どう見ても弱そうだぜ。

田中――そういう判断の仕方すんなよ！

田中の言うとおり、そういう判断をしてはいけない。なぜなら、僕らにおなじみの武田信玄の肖像は、高野山成慶院《こうやさんじようけいいん》に伝わる長谷川等伯《はせがわとうはく》の作とされるもので、重要文化財にもなっているのだが、実はこれは信玄の肖像ではないとする説が唱えられているのだ。[注4]絵のどこにも武田家の家紋《かもん》は見当たらず、太刀《たち》には別の紋が描かれていることなどいくつかの理由から、能登《のと》の畠山義続《はたけやまよしつぐ》の肖像である可能性が高いと考えられている。

すると、長らく親しまれてきた信玄のイメージは瓦解《がかい》せざるを得なくなる。信玄は肺結核を病んでいたから、もっとやせていただろうともいわれている。

プロレス界の真実もわかりにくいが、歴史の闇はさらに深いのであった。

[注1] 今谷明『武家と天皇』(岩波新書・一九九三年)
[注2] 二〇〇〇年六月、全日本プロレスの選手ら二十五名が脱退し、新団体設立を宣言した。残った選手は二名。ついにテレビ中継も幕を閉じた。盛者必衰は世の掟、諸行無常の鐘《ゴング》が鳴る。
[注3] 今谷明『信長と天皇』(講談社現代新書・一九九二年)
[注4] 藤本正行『鎧をまとう人びと』(吉川弘文館・二〇〇〇年)

鎌倉時代

鎌倉幕府の巻

●1192（建久3）年7月―源頼朝が征夷大将軍に任命され、その支配基盤を堅固なものとした。頼朝は平治の乱の結果、平氏によって伊豆に流されていたが、1180年に平氏打倒の兵をあげ、やがて鎌倉に本拠地を定め、1185年に平氏を滅亡に追い込んだ。その過程で活躍した弟の義経とは後に不仲になり、藤原泰衡を送って殺害させている。徐々に支配体制が固まっていった鎌倉幕府の成立年については、1192年説以外にも諸説ある。写真は伝・源頼朝像（神護寺蔵）。

太田――さあ、今回はいよいよ鎌倉幕府《かまくらばくふ》。
田中――この時代、好きな人多いよね。
太田――そう、いわゆる〝湘南《しょうなん》サウンド〟ってやつね。
田中――ぜんぜん関係ねえよ！
太田――鎌倉幕府ができたのは何年？
田中――これは簡単に覚えたね、イイクニ作ろうだから、一一九二年。
太田――それじゃ、その、イイクニって覚え方を最初に考えたのは誰？
田中――知るかそんなの！　いいんだよ、そんなことまで覚えなくて！　話をややこしくするな！
太田――ややこしいっていえばこの時代、とにかく人間関係がややこしくてね。親、兄弟、従兄弟《いとこ》が複雑にからみ合って、恨《うら》んだり恨まれたり、近親憎悪《きんしんぞうお》の集大成ってやつだね。
田中――ああ、そうなんだよね。

太田――石井ふく子がプロデュースしてんじゃないかってぐらい。

田中――よくわからないたとえ方すんなよ！

太田――鎌倉幕府を作ったのは、あの有名な源《みなもとの》頼朝《よりとも》なんだけど、その直前まで日本を支配してたのが、例の平清盛《たいらのきよもり》ってハゲでね。こいつがとにかくいばってた。日本全体の過半を平氏《へいし》が占めていて、やりたい放題やってたんだな。それで、平氏以外の人々の不満がどんどんつのっていった。とにかく、「平氏じゃなければ、人じゃない」って言ってたんだから。

田中――そりゃ、不満がたまるよな。

太田――「ほかの人は、みんな神だ」って。

田中――尊敬してんじゃねえかよ！　だったら何の不満もねえよ！

太田――で、とにかく何だかんだあって、平氏を倒せってことで立ち上がったのが、頼朝とその従兄弟の義仲《よしなか》、頼朝の弟の範頼《のりより》、そしてかの有名な義経《よしつね》なんだけど、とにかくこいつらが、今まで味方だったと思ったらすぐ敵になる。最後はみんな殺し合いだよ。

田中――そうなんだ。

太田――もう、義仲なんか、京から平氏を追い出したと思ったら、いきなり範頼、義経に殺されちゃう。

田中――ひどいね。

太田――ひどいなんてもんじゃない。またこの頼朝・範頼・義経って兄弟が仲悪くてね。結局いがみ合うことになる。また、その原因がくだらない。

田中――何が原因なの？

太田――焦げ目のことでケンカ。

田中――「だんご3兄弟」じゃねえかよ！

太田――最後はみんな、殺されて、かたくなりました。

田中――お前の言ってることがいちばんくだらねえよ！

太田――しょうゆ塗られて、げんじ、げんじ、げんじ三兄弟、げんじ三兄弟、げんじ

三兄弟、げんじ！

田中――しつこいよ！　だいたいなんで源氏《げんじ》がしょうゆ塗られるんだよ！

太田――まあ、もっともこの三人は、三兄弟ってわけじゃないんだけどね。九人兄弟のうちの三人。

田中――あ、そうなんだ。

太田――そう、義平《よしひら》、朝長《ともなが》、頼朝、一松、チョロ松、範頼、から松、じゅうし松、義経。

田中――うそつけ！　自分のわかんないところ、ぜんぶ『おそ松くん』でごまかすなよ！

太田――とにかく九人兄弟、だんご九兄弟。とにかくたくさんいたんだよ。

田中――だんごじゃねえだろ！　胸焼けするよ！　そんなモン！

太田――すごい突っ込みだな。

田中――いいから、先いけよ！

太田——で、まあ、結局この兄弟、最初は一致団結して、ものすごい勢いで一ノ谷《いちのたに》、屋島《やしま》、壇ノ浦《だんのうら》の合戦《かっせん》に勝って、平氏を滅ぼしちゃう。

田中——へえ。

太田——とにかく強い。もう当時は、さんざんいばってた平氏も源氏の強さにビクビクしてたらしい。

田中——そうなんだ。

太田——そう、富士川《ふじがわ》で陣を張って源氏を待っていた平氏の武士たちなんか、いっせいに飛び立った水鳥の羽音を源氏が攻めてきたのとまちがえて逃げちゃったって話がある。

田中——そんなにビビってたんだ。

太田——その後こんどは利根川《とねがわ》で、源氏が攻めてきた音を逆に水鳥の羽音とまちがえて、えさをやっちゃったって話は、可愛くて笑ったけどな。

田中——うそつけ！　そんな話はねえよ！　勝手に逸話《いつわ》作るな。

太田――結局源平合戦《げんぺいがっせん》っていうのは、終わってみたら源氏の圧勝でね。平清盛なんか途中で熱出して死んじゃうし、あんなに強かった平氏もいざフタを開けてみたらやられっぱなし。諸行無常《しょぎょうむじょう》、五穀豊穣《ごこくほうじょう》だな。

田中――ぜんぜん意味が違うよ！

太田――もうその頃には、はらたいらに五千点賭けるヤツなんて誰もいなかったらしい。

田中――たいら違いだよ！

太田――ぜんぶ答え教えてもらってたってことがバレちゃったんだな。

田中――やめろよ！

太田――ところが頼朝は、いざ平氏を滅ぼしてみるとこんどは、数々の合戦で活躍し、絶大な人気が出てきた義経のことが邪魔《じゃま》になってきて、結局いがみ合った末にこれを殺しちゃう。その後、頼朝には絶対服従だった範頼のことも怪しんで、修善寺《しゅぜんじ》に幽閉《ゆうへい》したあげく、やっぱり殺しちゃうんだな。

田中――悲惨な兄弟だな。

太田――たしかにな。でも、これらの出来事は、実はある一人の人間によって仕組まれたことなんだよ。

田中――一人の人間って誰だよ。

太田――後白河天皇《ごしらかわてんのう》。

田中――本当かよ。

太田――本当。この人が知能犯でね。源氏に平氏を滅ぼさせた後、源氏同士も対立させて、源氏も弱くしちゃおうって考えてたんだ。

田中――そうなんだ。

太田――まず、従兄弟の義仲を討てと頼朝に命令したのから始まり、義経にわざと官《かん》位《い》をやって頼朝にヤキモチを焼かせ、その後義経に頼朝を討てと院宣《いんぜん》を出し、義経がかなわないとわかると、翻《ひるがえ》って頼朝に義経を討てと命じたんだ。

田中――ぜんぶ裏で糸を引いてたんだ。

太田――そう、一説によると、ケネディ暗殺にもかかわってるらしい。

田中――そんな説はねえよ！

太田――でもまあ、それがなくても、頼朝が義経の存在を恐れたのはまちがいないけどな。何しろ強くて、人気があったから。「判官贔屓《ほうがんびいき》」って言葉は、九郎判官義経《くろうほうがんよしつね》を贔屓するってことでできた言葉なんだから、それくらい魅力的なんだな。歌舞伎でも『勧進帳《かんじんちょう》』は十八番だしな。

田中――頼朝に追われた義経一行が、身を隠しながら逃げる途中の関所《せきしょ》で、関使《せきし》に義経じゃないかと疑われて、家来である弁慶《べんけい》が主人の義経のことを「お前が義経に似てるばっかりに……」と、断腸《だんちょう》の思いで本気でボコボコに殴ってみせるんだよな。それを見て心を打たれた関使は、義経だとわかっていながら通してやるという。

太田――そう、でも結局翌朝、義経は、それがもとで死んでいた、という。

田中――そんな話じゃねえよ！ それじゃ、いい話でもなんでもねえじゃねえかよ！

太田――あと、この頃農業でも大きな変化があって、〝二《に》毛作《もうさく》〟が始まったんだ。

田中――そうなんだ。

太田――そう、それまでは人間は頭にしか毛が生えなかったのが、この頃初めて陰毛が生え出した、それが二毛作。

田中――うるせえ！

【解説】

源氏が平氏を倒して、鎌倉時代が始まる。源平の紅旗《あかはた》・白旗が、今でも運動会の赤組・白組というチームの分け方になって残っているように、源平合戦は日本人にとって「闘い」の原イメージともなっていると言えるだろう。

太田――鎌倉幕府を作ったのは、あの有名な源《みなもとの》頼朝《よりとも》なんだけど、その直前まで日本全を支配してたのが、例の平清盛《たいらのきよもり》ってハゲでね。こいつがとにかくいばってた。日本全体の過半を平氏《へいし》が占めていて、やりたい放題やってたんだな。それで、平氏以外の人々の不満がどんどんつのっていった。とにかく、「平氏じゃなければ、人じゃない」って言ってたんだから。

平清盛がハゲになったのは、仁安三年（一一六八）。

自然なハゲではない。出家《しゅつけ》したのである。

そしてその直後、高倉天皇《たかくらてんのう》が皇位についた。高倉天皇は後白河上皇《じょうこう》の女御《にょうご》・滋子《しげこ》の子で、滋子は清盛の義妹だったから、このとき清盛は天皇の外戚《がいせき》という地位を得ることになった。その三年後、こんどは清盛の娘・徳子《とくこ》が高倉天皇の女御として入内《じゅだい》。いよいよ平氏の立場は高まった。と同時に反平氏勢力の熱も高まった。

ただし、平氏の勢力が「日本全体の過半を占め」るほどにまでなったのは、もっと後の治承三年（一一七九）のことである。後白河法皇《ほうおう》が勝手に人事や所領《しょりょう》替えなどを行ったことに清盛が激怒し、大軍を率いて制圧、法皇を押し込め、院の近臣の職を解いたり、流罪《るざい》にしたりするというクーデターを起こし、このとき平氏の知行地《ちぎょうち》が大幅に増加して、日本の過半を占めるにいたったのである。

さらにその翌年には高倉天皇が譲位し、徳子との間に生まれた安徳天皇《あんとくてんのう》が皇位につく。清盛はついに天皇の外祖父となったのだ。絶頂である。清盛は完全に政権を掌握《しょうあく》し、自らの地盤である神戸の福原《ふくはら》へと遷都《せんと》。法皇、上皇、天皇を移し、いよいよ新都で平氏政権が黄金期を迎える、はずだった。

だがこの年、源頼朝がついに反平氏の戦いを起こす。

源平の合戦（歴史家は「治承《じしょう》・寿永《じゅえい》の内乱」と呼ぶ）が始まったのだ。

田中――そりゃ、不満がたまるよな。

太田――「ほかの人は、みんな神だ」って。

田中――尊敬してんじゃねえかよ！　だったら何の不満もねえよ！

源頼朝が兵を挙げるまでには親の代からの恨みが積もっていた。不満は、たっぷりとたまっていた。

保元元年(一一五六)の「保元の乱《ほうげんのらん》」では、平清盛と、頼朝の父である源義朝《みなもとのよしとも》とは共に後白河天皇の側について戦った。このとき義朝は最も戦功をあげ、しかも敵の崇徳上皇《すとくじようこう》側について捕らえられた父・為義《ためよし》や弟たちを自ら斬《き》らねばならなかった。なのに恩賞は清盛と平氏一門にばかり厚く、義朝にはわずかだった。

その頃の政治的実権を握っていたのは、後白河天皇の乳母《めのと》の夫である藤原信西《ふじわらのしんぜい》である。信西は強引に後白河天皇を即位させたが、後白河のことを「和漢の間、比類少なきの暗主《あんしゆ》(愚《おろ》かな君主)なり」と言っていたほどで、天皇を傀儡《かいらい》として政治を牛耳《ぎゆうじ》っていたのだった。恩賞の差も信西のはからいによることだった。平氏は、信西の政権を武力で支えることで自らの勢力をより高めていったのである。

おさまらないのは源義朝である。保元三年(一一五八)、後白河が譲位して二条天皇《にじようてんのう》が位につくと、天皇の周辺に義朝ら反信西派が集まり、翌年ついにクーデターを決行。清盛が熊野詣《くまのもうで》に行って京都を留守にしているすきに後白河上皇を幽閉し、信西を討ち取って、クーデターは成功した。

だが、急いで帰京した清盛は、クーデター側に従うかに見せかけるなど巧妙に立ち回って天皇を奪い、上皇も逃れさせ、追討の宣旨《せんじ》を受けて義朝らを破る。義朝は東国へ落ちてゆく途中、尾張《おわり》で殺されてしまった。頼朝はその途中で父にはぐれ、美濃《みの》で清盛の弟・頼盛《よりもり》の家人に捕らえられ、都へ連れ戻される。

都に連行された頼朝は、斬られるはずだった。ところが頼盛の母・池禅尼《いけのぜんに》が亡き子の面影に似ているからと清盛に助命を嘆願。これが容《い》れられて、伊豆《いず》へ遠流《おんる》されたのだった。

この「平治の乱《へいじのらん》」の後、平氏の権力は一気に増大した。実は、清盛はクーデターの気配を察しており、わざと決行を促すために京都を留守にしていたのだともいわれる。義朝らは、まんまと乗せられたのかもしれないのだ。

清盛は、二条天皇と後白河上皇という対立する二君にそれぞれ慎重に奉仕し、また摂関家《せっかんけ》に娘を嫁《とつ》がせるなど、着々と権力の増強と安定化とを進めていった。そしてついには天皇の外祖父となって、完全に実権を掌握するにいたったのである。

だが平氏の権力が強まると、平氏家人以外の在地領主は、さまざまな負担を強いられることへの不満や、今後への不安がつのってゆく。その不満が、伊豆に流された源氏の棟梁《とうりよう》・頼朝への期待につながっていった。

太田——とにかく強い。もう当時は、さんざんいばってた平氏も源氏の強さにビクビクしてたらしい。

田中——そうなんだ。

太田——そう、富士川《ふじがわ》で陣を張って源氏を待っていた平氏の武士たちなんか、いっせいに飛び立った水鳥の羽音を源氏が攻めてきたのとまちがえて逃げちゃったって話がある。

田中——そんなにビビってたんだ。

伊豆で兵を挙げた頼朝は石橋山《いしばしやま》の戦いに敗れて房総半島《ぼうそうはんとう》に逃れ、その地で千葉《ちば》氏などの有力武士を味方につけてから兵を進めて、鎌倉に拠点を定める。

この叛乱《はんらん》を鎮圧《ちんあつ》すべく派遣《はけん》されてきた平 維盛《たいらのこれもり》率いる追討軍《ついとうぐん》は、富士川のほとりに陣を敷いた。だが、敵勢の多数であることを知ってか、すぐに数百騎《き》もの兵が投降してしまった。途中でかり集めた兵士も多かったから、内心では頼朝につこうと思っている兵がまだいるに違いないと、互いを信用できない。いつまでも陣取っていれば、後ろを囲まれる不安もあった。

こんな状態では、戦う気にもなれない。

しかも兵士たちは、戦《いくさ》から避難した百姓たちが、野山に隠れたり舟で海上に出たりして煮炊《にた》きしている火を敵兵だと思い込み、あまりの数の多さに恐怖を覚えていた。本当にものすごく「ビビってた」のである。

こうしてビクビクしていたところに何万羽とも知れぬ水鳥がいっせいに飛び立って、雷鳴のようなすさまじい音がしたものだから、平氏の軍勢はあわてふためいて一目散《いちもくさん》に逃げていったのだった。

この惨《みじ》めな、戦いもしなかった敗北からまもなく、清盛はやむを得ず都を福原から京都に戻す。

太田——その後こんどは利根川《とねがわ》で、源氏が攻めてきた音を逆に水鳥の羽音とまちがえて、えさをやっちゃったって話は、可愛くて笑ったけどな。

田中——うそつけ！　そんな話はねえよ！　勝手に逸話《いつわ》作るな。

太田——結局源平合戦《げんぺいがっせん》っていうのは、終わってみたら源氏の圧勝でね。平清盛なんか途中で熱出して死んじゃうし、あんなに強かった平氏もいざフタを開けてみたらやられっぱなし。諸行無常《しょぎょうむじょう》、五穀豊穣《ごこくほうじょう》だな。

『平家物語《へいけものがたり》』は源平合戦が終わった後に生まれたものだから、平家が哀れにやられていくばかりで、源氏が圧倒的に強かったかのようになっている。だが最近、これは「盛者必衰《じょうしゃひっすい》の理《ことわり》」を説こうとする「平家物語史観」とでもいうべき虚構《きょこう》ではないか、という説がある。[注1]水鳥の羽音に逃げた話は実話だが、それから三年近くも平氏のほうが実は優勢だったからである。頼朝が優位になったのは元暦元年（一一八四）二月の

「一ノ谷の合戦」以降のことで、それから「壇ノ浦の合戦」で平氏を滅亡に追い込むまでにはなお一年かかっている。平氏は、決して弱くはなかったのだ。板東武者《ばんどうむしゃ》の得意技のように思われてきた、馬を馳《は》せながら弓を引く「馳弓《はせゆみ》」も、実は平氏のほうが得意だったともいう。源平合戦の有名な逸話には、虚構や粉飾《ふんしょく》も少なくないらしい。「勝手に逸話《いつわ》作る」ことは、昔の人も得意だったのである。

田中——悲惨な兄弟だな。

太田——たしかにな。でも、これらの出来事は、実はある一人の人間によって仕組まれたことなんだよ。

田中——一人の人間って誰だよ。

太田——後白河天皇《ごしらかわてんのう》。

頼朝は、後白河のことを「日本国第一の大天狗《てんぐ》」と呼んだ。藤原信西は「比類少なきの暗主」とバカにした。はたして、どちらが本当なのだろうか。いや、きっとそれそれに後白河の一面なのだろう。今様《いまよう》と呼ばれた庶民の流行歌に熱中し、多数の絵巻《えまき》物《もの》を制作させ、膨大な美術品や書籍を蒐集《しゅうしゅう》し、あらゆる階層の人々と交わった。その活動ぶりからある歴史学者は「政治と芸術という二つの狂気の世界を二つともに生きぬいたしたたかな男」と評し、「偉大なる暗闇」と、また「パトロン兼チーフプロデューサー後白河」とも呼んでいる。[注2]

太田――ややこしいっていえばこの時代、とにかく人間関係がややこしくてね。親、兄弟、従兄弟《いとこ》が複雑にからみ合って、恨《うら》んだり恨まれたり、近親憎悪《きんしんぞうお》の集大成ってやつだね。

田中――ああ、そうなんだよね。

太田――石井ふく子がプロデュースしてんじゃないかってぐらい。

日和見《ひよりみ》的な態度で平氏や源氏の兄弟たちを手玉にとったかのように見える後白河は、そうやって新たな時代をもプロデュースしていたのだろうか。魔性のプロデューサーだ。

もちろん見方を変えれば、頼朝が後白河を利用して武家政権を実現したとも言える。だが、平氏を倒し、義経をかくまった奥州藤原氏《おうしゅうふじわらし》をも滅ぼして、全国に及ぶ権力を手にしたはずの頼朝も、征夷大将軍《せいいたいしょうぐん》に任命されて鎌倉幕府を開くには後白河の死を待たねばならなかったのである。

[注1] 川合康『源平合戦の虚像を剝ぐ』（講談社・一九九六年）
[注2] 棚橋光男『後白河法皇』（講談社・一九九五年）

239

弥生時代

卑弥呼の巻

●239年—邪馬台国の女王・卑弥呼が魏の皇帝から「親魏倭王」として金印紫綬を授かったとされる(『魏志倭人伝』の記述)。邪馬台国は2〜3世紀の日本に存在したといわれ、その所在地が九州北部か畿内大和かの論争は有名で、今なお続いている。卑弥呼は呪術的祭祀をよくし、民衆を統率するカリスマ的能力に恵まれており、彼女が邪馬台国の女王になったことで邪馬台国を含む倭国の戦乱は終結したといわれる。また大陸との交流も活発に行った。その後狗奴国との戦乱のさなかに卑弥呼は死亡、後任の男王は国をまとめられず、また女王が治めることとなった。写真は卑弥呼より200年ほど前に魏に朝貢した倭の奴国王が授かったとされる金印(福岡市博物館蔵)。

太田――しかし、こうやって日本の歴史を振り返ってみると、日本という国がいかに男が中心で、女性の立場の弱い国だったかってことがよくわかるよな。

田中――たしかに、そう考えてみるとそうだよね。この国を支配してきたのはいつも男だもんな。

太田――今回の主役は、そんな日本の歴史の中でようやく初めて男性以上の権力を持つことに成功した女性、卑弥呼《ひみこ》。

田中――日本の歴史のいちばん最初じゃねえかよ！　ようやくでもなんでもねえよ！

太田――しかし、卑弥呼っていうのは謎の多い人でね。不思議な力を持っていたっていわれてるけど、はっきりしたところはよくわからない。にもかかわらず、日本の歴史上の人物の中で最初にして最高のキャラクターなんてこともいわれてるし、邪馬台《やまたい》国《こく》の女王という立場でありながら、皆、当時から親しみを込めて、「ヒミコ、ヒミコ」って下の名前で呼んでたりするんだよな。

田中――当時は上の名前はないんだよ！

太田——まあ、「ヨネスケ」みたいなもんだな。

田中——ぜんぜん違うよ！

太田——でも、たしかに卑弥呼って、何百年も生きたって伝説があったり、呪術《じゅじゅつ》を使ったっていわれていたり、その姿を見た人は必ず魅了されてしまうほどの妖《あや》しい魅力を持った美人だったっていわれてたりして、どんな人だったのかっていうのは興味あるよな。

田中——たしかにね。

太田——俺はなんとなく、自分の頭の中では、〝SHAZNA〟の〝IZAM〟みたいな感じだったんじゃないかと思ってるんだけどね。

田中——わけのわかんない勝手な想像ふくらますなよ！

太田——あるいは〝シャ乱Q〟の〝たいせー〟。

田中——ぜんぜんイメージバラバラじゃねえかよ！

太田——それぐらいわからないってことだよ。

田中——お前の言ってることがいちばんわからないよ、……でもたしかに、邪馬台国のことについては解明されてないことが多くて、歴史好きの中でもいろいろな論争があるみたいだね。何しろ手がかりになる資料というのが、当時の中国の「魏《ぎ》」というところから日本のようすを伝えた文書『魏志倭人伝《ぎしわじんでん》』しかないわけだからね。
太田——だいたい、邪馬台国自体がどこにあったのかすらわかってないんだからな。
田中——そうなんだよね。九州にあったって説と、近畿にあったって説があって、論争が絶えないんだよね。
太田——どちらかというと、近畿説のほうが有力らしいけどね。
田中——そうなんだ。
太田——うん、その「倭人《わじん》は帯方《たいほう》の東南大海《とうなんたいかい》の中《なか》に在《あ》り、山島《さんとう》に依《よ》りて国邑《こくゆう》を為《な》す」といった、『魏志倭人伝』の文書の中に、一カ所だけ「何でやねん」っていうセリフが書いてあるんだよ。
田中——ねえよ！　そんなセリフ！

太田――でも、結局俺に言わせれば、邪馬台国が九州にあろうが近畿にあろうが、別にどっちでもいいよ。

田中――それを言っちゃ、終わりだろ！

太田――だって、一般の人間でそんなことにこだわってるヤツいるのかよ。

田中――まあ、そう言われれば、たしかに邪馬台国の存在した場所が九州か、近畿かってことにこだわっている人はそれほどいないだろうけどな。

太田――しいて言うなら、ＫｉｎＫｉ　Ｋｉｄｓぐらいだろ？

田中――ＫｉｎＫｉ　Ｋｉｄｓは絶対こだわってないよ！

太田――だって、Ｋｙｕｓｙｕ　Ｋｉｄｓじゃないわけだから、近畿じゃないと困るだろ。

田中――困らねえよ別に！　なんで邪馬台国の場所にコンビ名を左右されなきゃなんないんだよ。

太田――でも、邪馬台国が中国大陸に近い九州にあったからこそ、魏への使節派遣《はけん》もできたんだろうし、弥生《やよい》時代の九州の王たちの墓から発見されていて、当時の九州の繁栄の証拠となる鉄の武器、鏡、勾玉《まがたま》という三点セットが、邪馬台国が消息を絶った時代と合わせるように九州から見つからなくなり、それが十数年後、突如、近畿の古墳から現れたということは、もともと邪馬台国は九州にあって、後に近畿に移っていったということなんじゃないかと、俺は思うけどね。

田中――突然本当の情報入れるなよ！　混乱するから！

太田――でも、この頃っていうのは、中国、つまり当時の「漢《かん》」から認められるっていうことがかなりのステイタスだったんだよな。

田中――そうみたいだね。だから、卑弥呼が出てくる以前に、いろんなクニがあった中で飛び抜けて力を持てたのは、漢に使節を派遣して位を授かった〝漢の倭《わ》の奴国《なの》王〟だよね。

太田――「の」が多すぎるよ！

田中――しょうがねえだろ！　そう呼ぶんだから。

太田——この、説明ベタ！

田中——違うよ、送られた金印《きんいん》にそう記《しる》してあるんだよ！

太田——卑弥呼も、魏に使節を送って貢《みつ》ぎ物《もの》をして、いろんなものを送ってもらって勢力を強くしたんだよな。

田中——そう、いろんなものをもらったんだけど、中でも〝親魏《しんぎ》倭《わ》王《おう》〟と彫られた金印、つまり「あなたを倭のクニの王と認める」という意味の称号と、それから銅の鏡百枚。これが何といっても卑弥呼にとってはうれしかった贈り物なんだよね。

太田——鏡を百枚もらって喜ぶなんて、何だかんだ言ってもやっぱり卑弥呼も女の子だったんだね。

田中——そういうことじゃねえよ！ 当時の鏡っていうのはすごく珍しく神秘的なもので、それを持っていること自体に、力を持っていることを示す効果があったんだよ。だから卑弥呼はこの鏡を国中の人に示すことによって、魏の国が自分の後《うし》ろ盾《だて》であることをわからせて勢力を拡大できた。そういう意味でうれしかったんだよ。

太田——たしかに、卑弥呼の威信というか、威光というのはすごかったみたいだよな。それまで男の王が何人もいて、いっこうにまとまらなかった国々を簡単にまとめちゃったんだから。
田中——考えてみたらすごいよな。たった一人の女が千人の巫女《みこ》を従えて、それまで三十カ国もあって争っていた国々の人々をまとめ、それに対して誰一人として文句を言わなかったんだから。
太田——浅香《あさか》光代《みつよ》だけは文句言ってたらしいけどね。「人の弟子《でし》を何だと思ってるんだ！」って。
田中——くだらねえ芸能ネタを織り交ぜるな。
太田——でもなぜ、人々は卑弥呼のことをそこまで、まるで神のように崇《あが》めたんだろうな。
田中——一つには、卑弥呼が絶対に人の前に姿を現さなかったのが効果的だったんじゃないかということもいわれてるね。彼女の姿を見ることは誰もできなかった。卑弥呼が会う人間といったら、彼女の身の回りの世話をする自分の弟だけ。

太田——内藤《ないとう》やす子みたいな女だな。

田中——たとえがぜんぜんわからねえよ！　ただ「弟よ」って歌唄ってただけじゃねえか！

太田——でも、いちばんすごかったのは、予言が当たったってことだろうな。

田中——実際、当たったのかね。

太田——それはすごかったらしい。

田中——たとえば、どんな予言が当たったの？

太田——まあ、これは古代のことだからうそかもしれないけど、「松坂のプロ初先発の初球は155キロのストレートだ」って。

田中——うそ以外の何ものでもねえよ！

太田——まあ、でもそんな卑弥呼も、邪馬台国に反発する狗奴国《くなこく》との戦いの途中で死んでしまうんだな。

田中——卑弥呼亡き後、男が王になるんだけど、内乱が起きて国はまとまらず、結局、弱冠《じゃっかん》十三歳の卑弥呼の宗女《そうじょ》・壱与《いよ》が跡を継いだんだから、邪馬台国は女王じゃなきゃダメだったんだね。

太田——でも、この壱与も最初は卑弥呼の後継者になるのを拒んだらしいね。

田中——そうなんだ？

太田——うん。「壱与は、まだ、十三だから……」って。

田中——言うと思ったよ！

【解説】

日本史の上で、邪馬台国ほど、常に論争がにぎやかに行われているテーマはないだろう。また、卑弥呼ほど謎に満ちた女はいないだろう。あやふやであればあるほど、人気は高まるかにさえ見える。

太田――それぐらいわからないってことだよ。

田中――お前の言ってることがいちばんわからないよ、……でもたしかに、邪馬台国のことについては解明されてないことが多くて、歴史好きの中でもいろいろな論争があるみたいだね。何しろ手がかりになる資料というのが、当時の中国の「魏《ぎ》」というところから日本のようすを伝えた文書『魏志倭人伝《ぎしわじんでん》』しかないわけだからね。

邪馬台国についてはたしかなことはちっともわかっていない。史料といえるものは、『魏志倭人伝』に記された二千字ほどの記録がすべて。それ以外には、何もない。そこで人類学や考古学上の発見がいわば状況証拠として解釈され、さまざまな議論の元になっている。決着がつくような決定的な証拠はなかなか出てこないので、議論はいつまでも続きそうだ。『魏志倭人伝』とは独立した書物ではなく、『三国志《さんごくし》』の中のごく一部である。劇画やゲームなどでもおなじみの『三国志』は、中国が魏《ぎ》、呉《ご》、蜀《しょく》の三国に分かれて争っていた時代を描いた正史で、西晋《せいしん》の陳寿《ちんじゅ》という人物が撰述《せんじゅつ》したもの「本紀《ほんぎ》」全六十五巻で、「魏書《ぎしょ》」「呉書《ごしょ》」「蜀書《しょくしょ》」の三部からなる。その「魏書」の「列伝《れつでん》」の後に「烏丸《うがん》・鮮卑《せんび》・東夷伝《とういでん》」という部分があって、そのうちの末尾に「倭《わ》人条《じんのじょう》」がある。「魏書」は「魏志」とも言うので、この部分を日本では通称「魏志倭人伝」と呼んでいるわけである。

太田——だいたい、邪馬台国自体がどこにあったのかすらわかってないんだからな。

田中——そうなんだよね。九州にあったって説と、近畿にあったって説があって、論争が絶えないんだよね。

太田——どちらかというと、近畿説のほうが有力らしいけどね。

邪馬台国がどこにあったかという議論は江戸《えど》時代から行われていた。それどころか『日本書紀《にほんしょき》』に神功皇后《じんぐうこうごう》が卑弥呼であるかのように記されているから、議論の発端は奈良時代にさかのぼると言えないこともない。その『日本書紀』の記述に初めて疑問を呈したのは、江戸時代の儒学者《じゅがくしゃ》・新井白石《あらいはくせき》だった。白石は最初に大和説、晩年には九州説を唱えている。また本居宣長《もとおりのりなが》は、九州ローカルの王が神功皇后の名を騙《かた》って中国に使節を送ったのだと考えた。

その後もさまざまな論者によって議論は続けられたが、江戸時代の人々は記紀《きき》に記された年代を信じ、卑弥呼のいた三世紀に大和朝廷《やまとちょうてい》がまだ成立していないなどとは思いもしなかったので、邪馬台国とは大和朝廷のことだったのか、それとも九州の一勢力が大和と偽《いつわ》ったのか、という論点に限られていた。『魏志』の記述は記紀とは食い違うので、九州勢の偽り説が優勢だったという。

明治以降は記紀に記された年代が疑われるようになり、徐々に今日の議論に近いものになってゆく。明治末には、京都帝国大学教授の内藤湖南《ないとうこなん》が大和説を、東京帝国大学教授の白鳥庫吉《しらとりくらきち》が九州説を唱えて、「大和説の京大、九州説の東大」と呼ばれるような、大学対抗の学派対立と見られるほどになった。

戦後は記紀の扱いにタブーがなくなり、さまざまな論が登場したが、文献研究では限界があり、また急速な土地開発によって新たな発掘資料が次々と登場したためもあって、考古学者が論争をリードするようになってゆく。

考古学的発見は、時にほとんど勝負を決したかに見せて、また裏切る。平成元年(一九八九)、佐賀県で吉野《よしの》ヶ《が》里《り》遺跡《いせき》が発見されたときには、九州説がほぼ勝利を収めたかに見えたものだった。そこには、『魏志』に記されたような物見櫓《ものみやぐら》や城柵《じょうさく》の跡があったのだ。だがまもなく近畿でも、奈良の唐古《からこ》・鍵《かぎ》遺跡《いせき》が邪馬台国時代の大規模環《かん》濠《ごう》集落遺跡であることが判明、さらに発掘された土器片に中国風の楼閣《ろうかく》が描かれていたことから、近畿説勢を再び活気づけることになった。最近では、奈良県のホケノ山古墳の造営年代が邪馬台国と同時期の三世紀半ばと断定されたことから、また熱い議論が起きている。

こうして何か大きな発見があるたび、それぞれの説の主張者や支持者は心を熱くしているのである。

太田――しかし、卑弥呼っていうのは謎の多い人でね。不思議な力を持っていたっていわれてるけど、はっきりしたところはよくわからない。にもかかわらず、日本の歴史上の人物の中で最初にして最高のキャラクターなんてこともいわれてるし、邪馬台国の女王という立場でありながら、皆、当時から親しみを込めて「ヒミコ、ヒミコ」って下の名前で呼んでたりするんだよな。

田中――当時は上の名前はないんだよ！

太田――まあ「ヨネスケ」みたいなもんだな。

田中――ぜんぜん違うよ！

卑弥呼というのは実は個人の名前ではなかったらしい。「姫命《ひめみこ》（尊）」を略してヒミコ、あるいは「姫児（子）」でヒメコと呼ばれていたのを、中国からの使者が個人の名だと思い込んだのだろうと考えられている。

『魏志倭人伝』によれば、卑弥呼は、「鬼道《きどう》に事《つか》へ、能《よ》く衆を惑は」したという。鬼とは、中国では死者の霊のことなので、卑弥呼は神がかりして死者のメッセージや神霊の託宣《たくせん》を伝える巫女《みこ》、シャーマンだったのだろうと長らく考えられてきた。

しかし最近では、卑弥呼の「鬼道」とは中国で後《ご》漢《かん》末から流行した道教《どうきょう》の一派を輸入したものだったと考えられている。ただし中国の道教そのままでなく、土着の宗教と混合したものであったろうと考える研究者が多い。『魏志』ではほかに、老子から呪法を授かったという教団「五斗米道《ごとうべいどう》」が「鬼道」と呼ばれている。五斗米道とは、張魯《ちょうろ》という人物が建設し、約三十年にわたって続いた祭政一致の宗教国家だ。その信仰は、病気の治癒《ちゆ》や不老長寿《ふろうちょうじゅ》、除災《じょさい》、繁栄などの祈願を中心とする、現世《げんせ》利《り》益《やく》的な色彩の濃いものだった。邪馬台国のあり方はそれに似ていたのだろう。

卑弥呼は、在来の宗教とは違った、より個人的な現世利益を強調する新興宗教の魅力によって諸国の首長の心をとらえることができた。これこそ、それまで争っていた三十国が卑弥呼の登場によって平和にまとまることができた理由ではないか、と考える研究者もいる。

太田——鏡を百枚もらって喜ぶなんて、何だかんだ言ってもやっぱり卑弥呼も女の子だったんだね。

田中――そういうことじゃねえよ！　当時の鏡っていうのはすごく珍しく神秘的なものので、それを持っていること自体に、力を持っていることを示す効果があったんだよ。だから卑弥呼はこの鏡を国中の人に示すことによって、魏の国が自分の後《うし》ろ盾《だて》であることをわからせて勢力を拡大できた。そういう意味でうれしかったんだよ。

当時、鏡は非常に神秘的なものと考えられていた。道教には、銅鏡と銅剣とを神器とする考えがあり、特に鏡が重んじられていた。大和朝廷の「三種《さんしゅ》の神器《じんぎ》」も、道教の影響から生まれたと考えられているが、やはり鏡が最高格の神宝とされている。当然、「鬼道」につかえるという卑弥呼にとっても、鏡はきわめて大切な霊具だったのである。

卑弥呼は、魏からもらった鏡を諸国の首長に配布することで、魏をバックとする自らの権威を示し、ネットワークを固めたと考えられている。宿敵・狗奴国との対決を前にして結束し、また勢力を拡大するために、それは絶大な効果があったようだ。

この百枚の鏡は、邪馬台国論争の中でも重要な役割を果たしている。発掘された鏡が卑弥呼の鏡であるとはっきりすれば、その分布から邪馬台国の所在地も見えてくることになるからだ。

特に「三角縁神獣鏡《さんかくぶちしんじゅうきょう》」がその候補として、長年にわたって論争の的になってきた。それらの中には「景初三年《けいしょさんねん》」という銘《めい》のあるものもあり、それはまさに卑弥呼が魏に使者を派遣した年（二三九）なのである。ところが同じ鏡が魏の遺跡からは出土しないため、国産品ではないかとも考えられ、だとすると卑弥呼の鏡ではないことになってしまう。だが国産品に中国の年号を刻むのは妙だ。新たな紀年の銘を持つ三角縁神獣鏡が発見されるたび、論争は複雑になる。はたして国産品か、魏から送られたものか。議論は繰り返され、今も決着はついていない。

田中——卑弥呼亡き後、男が王になるんだけど、内乱が起きて国はまとまらず、結局、弱冠《じゃっかん》十三歳の卑弥呼の宗女《そうじょ》・壱与《いよ》が跡を継いだんだから、邪馬台国は女王じゃなきゃダメだったんだね。

太田——でも、この壱与も最初は卑弥呼の後継者になるのを拒んだらしいね。

田中——そうなんだ？

太田——うん。「壱与は、まだ、十三だから……」って。

田中——言うと思ったよ！

『魏志倭人伝』には「壱与」となっているが、「台与《とよ》」の誤りであろうと考える研究者が多いようだ。古代の美称「トヨ（豊）」のことではなかったかともいう。それでは、松本伊代の歌にかけた「壱与は、まだ、十三だから……」というギャグは通用しないことになってしまう。

だが、イヨでいいとする説もある。

実は「邪馬台国」というすっかりおなじみの国名さえも、『魏志倭人伝』の今日に伝わるテキスト（宋《そう》代に印行《いんこう》された紹興本《しょうこうぼん》〈一一三一〜六二刊〉と紹熙本《しょうきぼん》〈一一九〇〜九四刊〉の二本）では、「邪馬壱国」と記されている。内藤湖南がそれを邪馬台国の誤写であると説いて以来、ほとんど疑われることがなかったのだが、古代史家の古《ふる》田《た》武彦《たけひこ》氏はそれに反論し、「邪馬壹国」のままで正しいのだと主張して、かつてセンセーションを巻き起こしたものだった。それに従えば壱与は壱与でいいことになる。いや、古田氏の説に従わず、邪馬壹国は邪馬台国の誤写としながらも、壱与は壱与でいいとする立場もありうるだろう。

いずれにせよ邪馬台国は、今なおかくもあやふやで、それゆえに妖しい魅力を放ち続けているのである。

江戸時代

忠臣蔵の巻

●1701（元禄14）年3月14日——江戸城本丸松之廊下で播磨赤穂城主・浅野内匠頭長矩が、旗本であった吉良上野介義央に斬りかかるという事件が起こった。浅野は幕府の命によって即日切腹、浅野家は取りつぶしを命じられた。大石内蔵助以下、赤穂浪士（四十七士）は亡君の無念を晴らすため、1702年12月14日に吉良邸に討ち入り、吉良上野介を殺害した。写真は『仮名手本忠臣蔵』四段目（三枚続き）より大星由良之助（豊原国周筆／国立劇場蔵）。

170

田中――今回のテーマは、忠臣蔵《ちゅうしんぐら》。
太田――そろそろ、そんな季節だよね。
田中――ぜんぜん季節はずれだよ！　これから夏になろうって時期なんだから。忠臣蔵の話がやられるのは、普通年末だろ！
太田――聞いたか、ＮＨＫ！　季節はずれなんだよ！
田中――あれはいいんだよ！　このまま年末までひっぱるんだから。
太田――じゃ、この連載も、このまま年末まで忠臣蔵でひっぱるか。
田中――誰もついてこねえよ！　だいたい、忠臣蔵ひとつでそんなにネタがもつわけねえだろ！
太田――やりようによっては、もつだろ。まず、忠臣蔵の「忠」から。読み方は「チュウ」。チュウっていってもキスのチュウじゃないよ。画数は八画で……。
田中――ネタでもなんでもねえよそんなモン！
太田――しかし日本人っていうのは、本当にこの忠臣蔵の話が好きだよな。

田中——まあ、たしかにね。毎年年末になると必ず芝居でやったり、ドラマになったりするもんな。

太田——でも、そのわりには、どんな話なのかをぜんぶ正確に把握してる人は少ないんじゃないかな。

田中——そうかもしれないね。特に若い人なんかはほとんど知らないかもね。四十七《しじゅうしち》士《し》が討ち入りをしたってことぐらいは漠然と知ってるだろうけど。

太田——結局、どういう話なんだよ、お前、討ち入りに参加したんだろ、教えてくれよ。

田中——参加してるわけねえだろ! やみくもなボケ方すんなよ!

太田——参加してたら切腹してるもんな。今頃こうして漫才師してるわけないか。

田中——そういう問題じゃねえよ!

太田——それとも身長制限で断られたの? 「あなたは〝小身蔵〟にでも行ってください」って。

田中——くだらなきゃ、意味もわかんねえよ！
太田——まあ、そもそも〝忠臣蔵〟というのは人形浄瑠璃《にんぎようじようるり》の『仮名手本忠臣蔵《かなでほんちゆうしんぐら》』からきた呼び方で、この事件の歴史学的な呼び名は〝赤穂事件《あこうじけん》〟といって、発端は元禄《げんろく》十四年（一七〇一）、江戸城《えどじよう》内で起きた刃傷沙汰《にんじようざた》だな。
田中——刃傷沙汰……。
太田——そう、俗に言う〝刃傷、松野大介〟。
田中——まちがってるよ！
太田——一人取り残されて売れなかった元ABブラザーズの松野大介が、とうとう思いあまって中山ヒデちゃんに斬《き》りかかって、芸人失格になったという……。
田中——ぜんぜん違うよ！　それを言うなら〝刃傷、松之廊下《まつのろうか》〟だろ！
太田——ああ、そうか、廊下か。廊下が車道に斬りかかって、それを見ていた電信柱が思わず止めに入って「電柱でござる」と言ったという……。
田中——駄洒落《だじゃれ》じゃねえかよ！　ボケるにしてももっとちゃんと事件の内容を説明し

てからボケろよ。それになんか、ネタのつくりが全体的に古くさいよ！

太田——バカだなお前。こういう忠臣蔵みたいな、芝居にも何度もなっているような題材を扱うときは、今までみたいに説明しなくても、もうみんなすでにストーリーは知ってるわけだから、あえて変にくわしい情報を入れずに、わりと周辺のネタから、しかも少しアマめにボケてったほうが、意外とウケがよかったりするんだよ。こっちがヘタに考えすぎて、ねらって作るモノっていうのは、逆に思ったほど大衆には受け入れられないということはよくあることだし、しかも……。

田中——うるせえー!! ここで、お前の頭の中にある笑いの計算をまじめに発表しなくてもいいんだよ！ 早く忠臣蔵の話に戻せよ！

太田——じゃあ、本当のことを言うと、江戸城の内で刃傷を起こしたのは、「浅野内匠頭」。むずかしい字を書くよな。

田中——たしかにね。

太田——皆、これ読めんのかね？

田中――うーん、まあ、字だけ書かれても読めない人はけっこういるかもしれないね。
太田――「せしぼんた」って読むんだぜ。
田中――ぜんぜん違うよ！　浅香光代の旦那《だんな》じゃねえかよ！　「あさのたくみのかみ」だろうが。
太田――正解！……ちなみに「せしぼんた」は「世志凡太」って書くんだよ。
田中――そっちはいいよ！
太田――フランス語の「セ・シ・ボン」に、「世界を志す凡人」っていう意味の漢字を当ててたんだろうな。
田中――だから、いいって言ってんだよ、そっちのことは！
太田――で、この浅野が斬りかかった相手が、これまたむずかしい、〝吉良上野介〟って、読み方言ったら驚くぞ。どうしたらそんな読み方できるんだっていう……。
田中――前ふりが長いよ！　なんて読むんだよ。
太田――「えどやまぐち」

田中——なんでだよ！　どっからその名前持ってきてんだよ！　今、話題にもなってねえじゃねえか！　これは「きらこうずけのすけ」って読むんだよ！

太田——で、まあ、そもそもなんで浅野が吉良を斬りつけたかっていうと、この浅野ってのが赤穂藩の殿様で、江戸城の中では勅使御馳走役《ちょくしごちそうやく》、つまり朝廷から将軍に会いに来る使者をもてなす役だったんだな。当時の将軍は五代綱吉《つなよし》……例の〝生類憐《しょうるいあわれ》みの令《れい》〟で有名な人、まわりからは「ムツゴロウ」ってあだ名で親しまれていたらしいけどね。

田中——当時はまだいねえよ！

太田——で、吉良ってのはその浅野にいろいろ教え、指導する立場の勅使接待役指導《ちょくしせったいやくしどう》係《がかり》といって、位が高かったんだな。

田中——うん。

太田——で、この浅野匠頭って人は田舎者《いなかもの》で、若くてバカ正直で融通《ゆうずう》が利《き》かない。それを吉良がネチネチいじめたわけだよな。

田中――かなり意地悪かったんだよね。

太田――芝居なんかではそういう描かれ方してるけど、これにはいろんな見方があって、浅野があまりにもトロくて融通が利かなすぎて、吉良が小言を言ったのも無理もないっていう説もあるんだ。

田中――そうなんだ。

太田――それでそのうち浅野が吉良のイジメに耐えられなくなって、ある日突然キレて、持ってたバタフライナイフで吉良に斬りかかっちゃった……浅野はゲーム世代だからな、すぐキレちゃう。

田中――何百年も世代が違うよ！

太田――吉良はたいしたケガでもなかったんだけど、浅野は城内でそんな騒ぎを起こした責任をとらされて切腹、それを聞いた浅野の家臣「大石内蔵助」……読み方は……。

田中――もういいよ！　「おおいしくらのすけ」だよ！

太田——以下四十七人がそれから約二年後、吉良邸《てぃ》に討ち入りをして、吉良の首を取ったという、平たく言えばこういう話だな。

田中——なるほど。

太田——でも考えてみれば、今の時代、子供がすぐキレてナイフで人を殺しちゃうなんて騒いでるけど、この頃のほうがよっぽど物騒《ぶっそう》だよな。

田中——そうかな。

太田——だって、この事件を現在に当てはめたらすごいぜ。学校で先生に注意された生徒がいきなりキレてバタフライナイフで先生に斬りかかる。先生はたいしたケガではないのに、その生徒は、なんと切腹!

田中——無理のある当てはめ方するなよ!

太田——その事件から約二年後、その生徒のクラスメート四十七人が全員で先生の家に押しかけていって、先生の首を切っちゃうんだぜ。悲惨すぎるよ。

田中——だから、無理があるんだよ!

太田——ま、どっちにしろこの話は、一回じゃ語りきれないから、また年末にやろう。
田中——そんなこと決める前にムダなボケを省けよ！
太田——じゃ、よいお年を。
田中——まだだよ！

【解説】

『忠臣蔵』の元になった赤穂事件には、いくつもの謎がある。その謎をめぐる解釈の多様な可能性が『忠臣蔵』の魅力のひとつかもしれない。また一方で、なぜ日本人は『忠臣蔵』が好きなのかという謎もよく問題にされる。

田中——今回のテーマは、忠臣蔵《ちゅうしんぐら》。
太田——そろそろ、そんな季節だよね。

田中——ぜんぜん季節はずれだよ！ これから夏になろうって時期なんだから。忠臣蔵の話がやられるのは、普通年末だろ！

なぜ、元禄時代の敵討《かたきう》ちの物語を楽しむのにそれほど季節にこだわるのだろう。討ち入りが年末だったからといって、別に季節にこだわる必要はなさそうなものだ。ほかの時代劇は季節にこだわって見たりしないのに、なぜ忠臣蔵だけ？ 怪談じゃあるまいし。

かつて作家の丸谷才一《まるやさいいち》氏は、そんな疑問に答えるような忠臣蔵論を書いた。[注1] 赤穂浪士《あこうろうし》の討ち入りの物語は、春を迎えるための祝祭として楽しまれた、というのである。それはまた、世の中や政治に対する不安や不満を晴らすというような意味もあったという。新春の訪れとは、世が改まることでもあるからだ。丸谷氏は芝居に見られるさまざまな要素を分析し、忠臣蔵とは庶民の「世直し」願望をはらんだカーニバルであったと解釈してみせた。発表当時は諏訪春雄《すわはるお》氏との論争が起きたりもして、ずいぶん話題になったものだった。

たしかに、『忠臣蔵』を見る人の気分のうちには、歳時《さいじ》の催《もよお》しを楽しむという感覚がある（一九九九年、『忠臣蔵』は、ＮＨＫの大河ドラマ「元禄繚乱」として放映された）。

太田――しかし日本人っていうのは、本当にこの忠臣蔵の話が好きだよな。

田中――まあ、たしかにね。毎年年末になると必ず芝居でやったり、ドラマになったりするもんな。

雛《ひな》祭りや鯉《こい》のぼりと同じように季節と切り離せない年中行事となったことが、日本人が忠臣蔵を好きな理由なのかもしれない。浪士らが恨《うら》みを晴らすお祭り騒ぎのような討ち入りを見て、ちょっとはスカッとした気分を味わってから新年を迎えようというわけだ。

赤穂義士の討ち入り物語が最初に人気になったのは寛延《かんえん》元年（一七四八）、大坂の竹本座《たけもとざ》で人形浄瑠璃『仮名手本忠臣蔵』が大当たりをとったときだった。主役は大星《おおぼし》由良之助《ゆらのすけ》。むろん大石内蔵助のことだが、そのことを暗示するよう、タイトルに「蔵」という文字がつけられたといわれている。「仮名手本」というのも、いろは四十七文字で四十七士をさしているとされる。

この大人気を受け、その年のうちに歌舞伎《かぶき》に移され、以後『忠臣蔵』は、芝居小屋の人気がなくなったときに上演すれば必ず盛り返すことができるという起死回生《きしかいせい》の薬、芝居の「独参湯《どくじんとう》」とまで呼ばれるほどの人気を維持し続けた。

田中――ぜんぜん違うよ！　それを言うなら〝刃傷、松之廊下《まつのろうか》〟だろ！

松之廊下とは、江戸城内で公式行事が行われる部屋である白書院《しろしょいん》の前の廊下のことで、唐紙《からかみ》に松の絵が描かれていたことからそう呼ばれていた。廊下といっても畳敷きである。

元禄十四年（一七〇一）三月十四日、白書院では、京都の朝廷からの勅使を迎えての儀礼が行われるはずだった。毎年、将軍から朝廷へ年始のお祝いの使者を上洛《じょうらく》させると、二月か三月にはその答礼として勅使が江戸城へ下向《げこう》する。そんな慣例があった。勅使を迎えての行事は三日間にわたって行われる。事件が起きたのはその三日目、将軍から勅使への御返答という最後の儀礼が白書院で行われる直前のことだった。松之廊下で留守居役《るすいやく》の梶川与惣兵衛《かじかわよそべえ》が吉良上野介と立ち話をしていたところへ、突然、浅野内匠頭が小刀で斬りかかったのである。

太田――で、まあ、そもそもなんで浅野が吉良を斬りつけたかっていうと、この浅野ってのが赤穂藩の殿様で、江戸城の中では勅使御馳走役《ちょくしごちそうやく》、つまり朝廷から将軍に会いに来る使者をもてなす役だったんだな。当時の将軍は五代綱吉《つなよし》……例の〝生類憐《しょうるいあわれ》みの令《れい》〟で有名な人、まわりからは「ムツゴロウ」ってあだ名で親しまれていたらしいけどね。

田中――当時はまだいねえよ！

御馳走役は、毎年二人ずつ、三万石《ごく》から十万石までの大名《だいみょう》の誰かに割りふられる役目だった。費用も大変なので、諸大名はなんとかこの役を逃れようとしたという。しかし、命じられてしまえば辞退することはできなかった。

浅野内匠頭は十七歳のとき、すでに一度御馳走役を務めていた。三十五歳になって再びこの役を務めることになったのだが、このときはイヤで仕方がなかったという。

ところで、綱吉のあだ名はむろんムツゴロウではなく、犬公方《いぬくぼう》。犬を大事にしろというお触れを出したりしたのでつけられた名だ。動物の虐待《ぎゃくたい》や殺生《せっしょう》を禁じたのは、仁《じん》の心を人々に教育しようとしてのことだったという。[注2] 綱吉は熱心な儒学者《じゅがくしゃ》でもあったのだ。そんな綱吉が城内での刃傷沙汰に激怒《げきど》するのは当然だった。しかも、このときは生母である桂昌院《けいしょういん》の増位《ぞうい》を朝廷に運動していた時期であったらしく、勅使への気遣《きづか》いにも神経質になっていた。だから、いっそう赦《ゆる》しがたい事件だった。

浅野には、その日のうちに切腹との裁定が下った。

太田――で、吉良ってのはその浅野にいろいろ教え、指導する立場の勅使接待役指導《ちょくしせったいやくしどう》係《がかり》といって、位が高かったんだな。

御馳走役に任じられた大名が勅使を接待するときには、非常に細かい手順を踏まなくてはならなかった。その手順や約束事を教える役職である高家《こうけ》肝煎《きもいり》を担っていたのが、吉良上野介である。

教えを受けるためには贈物や金が必要だった。ワイロである。浅野は潔癖《けっぺき》な性格でそれを嫌い、つけ届けをしなかったために吉良との関係が悪化、ついに刃傷沙汰にいたったというのが、江戸時代以来多くの人に好まれてきた刃傷事件の解釈である。

太田――で、この浅野内匠頭って人は田舎者《いなかもの》で、若くてバカ正直で融通《ゆうずう》が利《き》かない。それを吉良がネチネチいじめたわけだよな。

田中――かなり意地悪かったんだよね。

太田――芝居なんかではそういう描かれ方してるけど、これにはいろんな見方があって、浅野があまりにもトロくて融通が利かなすぎて、吉良が小言を言ったのも無理もないっていう説もあるんだ。

田中——そうなんだ。

なぜ浅野は吉良に斬りかかったのか。これこそ、赤穂事件の最大の謎だ。

ワイロ説には証拠はない。それに当時の感覚では、吉良の受け取る謝礼は指導に対する見返りとして正当なもので、やましいものではなく、吉良家の経済はその収入で成り立っていたという。浅野びいきの人たちが、吉良を悪人に仕立てたくてこの説を信じたがったという面があるらしい。

赤穂藩の優れた製塩技術を吉良が知りたがり、浅野がそれを教えなかったのでいやがらせをされたという説もある。これも根拠はない。経営規模が桁違《けたちが》いで、生産された塩の用途も販路《はんろ》も違っていたので、企業秘密を欲しがる必要もなかったはずだという。

結局、刃傷事件の原因を語りうる確かな証拠は何もない。

今のところ最も説得力があるのは、インフレによる貨幣価値の落差に浅野が無頓《むとん》着《ちゃく》で、接待に要する経費を倹約《けんやく》したために吉良との間がうまくいかなくなったとする説である。注3 浅野が以前に御馳走役を務めたときに比べて物価は恐ろしく上昇していた。江戸は高度経済成長期ともいえる時を過ごし、また貨幣の改鋳《かいちゅう》が行われて質が落ちたために激しい物価上昇を招いていた。にもかかわらず、そのような経済事情に疎《うと》かったらしい浅野は、二十年近くも前に御馳走役を果たしたときの感覚を引きずって予算を見積もってしまい、吉良との対立を引き起こしたというのである。吉良が必要と考えるだけの準備は、それではできるはずがない。さまざまな行き違いの場面で吉良は浅野をなじったり、嫌みを言ったりしたのかもしれない。

いずれにせよストレスが高まり、浅野はすっかり心身の調子を崩《くず》してしまった。事件の日の朝には、登城前に「痞気《つかえ》」のため侍医《じい》に投薬を受けたという。「痞気」とは胸がふさがって息苦しいことをいうが、浅野の場合は緊張による頭痛だったろうとの説もある。いずれにせよ、かなり神経が参っていたのである。

太田――それでそのうち浅野が吉良のイジメに耐えられなくなって、ある日突然キレて、持ってたバタフライナイフで吉良に斬りかかっちゃった……浅野はゲーム世代だからな、すぐキレちゃう。

田中――何百年も世代が違うよ！

吉良と浅野との対立の背景には、世代の違いによる意識の差も横たわっていたらしい。この時代、武士の社会は、平和で官僚的な管理社会となっていた。横並びをよしとし、失敗しないことを最も大事に考える気風が定着しつつあった。そのため、何事であれいちいちお伺《うかが》いを立てて行動するような者が増えつつあったという。浅野もそんな新時代の人である。対して吉良は、文弱なれども、いまだ荒々しい時代の気風をわずかにせよ身に残した旧世代に属する。ここにも摩擦《まさつ》の種があった。

刃傷事件の日、浅野は吉良に、いろいろと神経質にものをたずねたという。吉良はカッとなり、「前もって先輩に聞くなりしておけばいいものを、今さら、その場になってからたずねるのか」とあざ笑った。野口武彦《のぐちたけひこ》氏は「おそらく吉良上野介は、自分のどんな一言がなぜかくも相手を逆上させ、その旧家臣に生命をつけ狙われる破目になったのか、首が胴から離れるその時にも理解していなかっただろう」と言う。注4

太田――だって、この事件を現在に当てはめたらすごいぜ。学校で先生に注意された生徒がいきなりキレてバタフライナイフで先生に斬りかかる。先生はたいしたケガではないのに、その生徒は、なんと切腹!

田中――無理のある当てはめ方するなよ!

太田――その事件から約二年後、その生徒のクラスメート四十七人が全員で先生の家に押しかけていって、先生の首を切っちゃうんだぜ。悲惨すぎるよ。

そういえば学校の先生も、自分のどんな一言が生徒をキレさせたのかわからないということが多くなっているようだ。学校崩壊の未来は、忠臣蔵なのだろうか。

［注1］丸谷才一『忠臣蔵とは何か』（講談社・一九八四年）
［注2］山室恭子『黄門さまと犬公方』（文春新書・一九九八年）
［注3］野口武彦『忠臣蔵』（ちくま新書・一九九四年）
［注4］同右

1936

昭和時代

二・二六事件の巻

●1936（昭和11）年2月26日—日本陸軍の青年将校らが決起、政府高官を暗殺して国家改造の断行を要請した。対英米協調勢力と国家改造勢力との対立が深まる中、後者の中心を占める陸軍内部にて、官僚・財界との提携を主張する統制派と、天皇のもとでの「昭和維新」を目指す皇道派との抗争が進展し、クーデターへと至った。要人4人を殺害したこのクーデターはわずか4日で鎮圧されて失敗、その機に乗じて対英米協調勢力をも押さえ込んだ統制派の圧倒的優位を築くことになった。写真は国会議事堂前から引き上げる反乱軍兵士（毎日新聞社提供）。

田中——今回のテーマは二《に》・二《に》六《ろく》事《じ》件《けん》。これって名前はすごくメジャーだけど、いわゆる日本史の教科書の中ではそれほど大きく扱われる事件ではないので、その内容まではくわしく知らない人が多いんじゃないかな。

太田——六・三・三制とかね。

田中——とかね……って言われても意味わかんねえよ！　まったく関係ないだろ！

太田——六・三・三で十二年。

田中——だからどうしたんだよ！　ぜんぜん関係ないだろ！

太田——……エヘ。

田中——エヘじゃねえよ！　気持ち悪ぃな！　とにかく、事件を把握するには、その頃の情勢をわかっておく必要がある。まず事件が起きたのが昭和十一年（一九三六）。満州《まんしゅう》事変《じへん》から五年後、犬養《いぬかい》首相が暗殺された五《ご》・一五《いちご》事件《じけん》から四年後、いわゆる世界《せかい》恐慌《きょうこう》からは七年後、日本が国際連盟《こくさいれんめい》から脱退して世界的に孤立してから三年後という、不安定で混沌《こんとん》とした時代の出来事だね。

太田――それから二十九年後の昭和四十年（一九六五）には、五・一三事件も起きてる。

田中――なんだよそれ。

太田――俺の誕生。

田中――知るかそんなの！　事件でもなんでもねえよ！

太田――三・一四事件は、すべて丸くおさまった。

田中――何のことだよ。

太田――円周率……ウマいネ、どうも。

田中――どうでもいいけど、その変なキャラクターやめろ！　面倒くせえから！

太田――わかったっちゃ！

田中――だから、それをやめろって言ってんだよ！　とにかく二・二六事件は、まあ一口に言うと、当時の陸軍の青年将校《しょうこう》たちが起こしたクーデター未遂《みすい》事件といったところかな……その頃の日本はひどい状況だった。世界恐慌のさなか、一部の大企業や大銀行は中堅企業を食いものにし、政党や財閥《ざいばつ》は私利《しり》私欲《しよく》の塊《かたまり》で、国民は貧困にあえいでいた。

太田――そこまで言うと、ちょっと言いすぎじゃないかな。

田中――そうかな。

太田――そりゃたしかに、僕たち財閥は君たちのような貧乏人を苦しめたかもしれないけど……。

田中――お前いつから財閥になったんだよ！

太田――パンが食べられなきゃ、ケーキを食べればいいのに……。

田中――うるせえ！　とにかく、いちばん苦しんでいたのが農民だった。軍人の中には農家出身の若者も多く、彼らの中には自分の姉や妹が遊郭《ゆうかく》に売られていく姿を見てきた者も数多くいたんだ。

太田――それを言うな！

田中――なんだよ！

太田――……実は、オ、オラの妹も……。

田中――お前どっちなんだよ！　しかもお前一人っ子だし、根本的なところで時代が違うし、突っ込むところがいっぱいありすぎて突っ込みきれねえよ！

とにかく、そんな状況の中で軍は「こんな世の中でいいのか、国を変えなければ」という思いをつのらせていった。

太田――ところが、その軍の中にも派閥があった。二・二六事件というのは、見ようによってはこの派閥争いが発展したもので、国に対するクーデターというよりも、陸軍内部の内ゲバという見方もできるんだ。

田中――突然本質的なこと言うな！　でもたしかにそのとおりで、当時、陸軍内部には派閥があって、永田《ながた》鉄山《てつざん》軍務局長を筆頭に中堅幕僚《ばくりょう》たちが中心となった、「合法的に国家を改造しよう」とする〝統制派《とうせいは》〟と、後に二・二六事件を起こすことになる青年将校たちを中心とした、「国家改造のためなら、武力も辞さず」といった〝皇道派《こうどうは》〟と呼ばれる人たち。

太田――それと、「世の中は私を中心に回っている」という〝サッチー派〟と、「あたしゃ、曲がったことが大嫌い」という〝ミッチー派〟。

田中――いいよもう、その話題は！　ウンザリしてんだから！

太田――最近じゃ、渡部絵美率《ひき》いる〝ブタと言われた派〟もいるよ。

田中――うるせえ！　とにかく軍内部では統制派と皇道派が対立していた、そんな中、統制派の首領である永田鉄山を皇道派の相沢三郎《あいざわさぶろう》中佐が刺殺するという〝永田事件《ながたじけん》〟が起きるんだ。これは〝相沢事件《あいざわじけん》〟とも呼ばれてるんだけど。

太田――まぎらわしいから、いっそのこと仲よく〝永田君と相沢君事件〟にすればいいのに。

田中――お笑いコンビじゃねえんだよ！　この事件をきっかけに、皇道派の志気が一気に高まった。そして昭和十一年二月二十六日、彼らは決起した。中心になったのは、磯部浅一《いそべせんいち》、栗原安秀《くりはらやすひで》、安藤輝三《あんどうてるぞう》、村中孝次《むらなかたかじ》といった青年将校たち。皆二十代後半から、三十代前半といった若さだった。

太田――だったらSMAPでドラマ化しろ！

田中――わけのわかんないボケすんなよ！　彼らは下士官《かしかん》千四百名を率いていた。その下士官たちの中には、わけもわからないまま無理矢理かり出された者もたくさんいたらしい。その中に、今の柳家小《やなぎやこ》さん師匠《ししょう》もいたんだって。

太田――人間国宝に何やらしてんだよ！

田中――その頃はまだ国宝じゃねえよ！　決起部隊の狙いは時の総理大臣・岡田啓介《おかだけいすけ》、そのほか国の重臣たちの暗殺だった。

太田――毎度バカバカしい。

田中――バカバカしくねえよ！　結果は、斎藤実内大臣《さいとうまことないだいじん》、高橋是清《たかはしこれきよ》蔵相、渡辺錠太郎《わたなべじょうたろう》教育総監の三人を暗殺。鈴木《すずき》貫太郎侍従長《かんたろうじじゅうちょう》は、夫人の一言で一命をとりとめた。

太田――夫人の一言？

田中――そう、鈴木侍従長暗殺に参加した曹長《そうちょう》が後に証言しているものを読むと、こう書いてある。彼はまず鈴木邸の表玄関から入って、廊下を奥へ向かって進んだ、すると「こっちだ、こっちだ」という声がして、急いでその声のほうへ行くと、十畳敷の部屋に夫人がきちんと座っていて、隣の部屋では十数名の兵士が着剣銃《ちゃっけんじゅう》で鈴木貫太郎をとりまいていた。彼は「あちらにおられるのが、閣下でございますか」と言うと、夫人は「貴男方《あなた》は何ですか、土足で人の家に入り込んで、どこの部隊ですか」と一喝《いっかつ》したという。

太田——土足！　オイ、外国人かよ！

田中——そういう問題じゃねえだろ！　状況を考えろよ、状況を！

太田——たしかに、状況を考えたら靴脱いでる場合じゃねえよな。でも、だったらカミさんも土足に突っ込んでる場合じゃねえだろ！　状況を見ろ状況を！

田中——カミさんはわかってるんだよ！　別に本気で土足に突っ込んでるわけじゃねえんだよ！　その後、彼らは侍従長に四発弾を撃ち込んだ。侍従長が倒れると夫人がそばに駆け寄った、そのときも少しも取り乱したようすはなかったという。将校の一人が「とどめを」と言って軍刀を抜きかけたとき、夫人が「どうか、それだけは……」と言った。その一言で思いとどまり、侍従長は奇跡的に命をとりとめたんだ。

太田――そこで思いとどまったとしても、土足は土足だろ！

田中――お前がこだわるのは、土足だけかよ！　それから、肝心の岡田首相は、なんと無傷で助かった。

太田――なんで？

田中――岡田首相と同じ邸《やしき》にいた義弟の松尾《まつお》伝蔵《でんぞう》海軍大佐を岡田本人だと思って、殺しちゃったんだ。当時はテレビもなかったから、首相の顔もよくわからなかった。栗原安秀は、部屋にあった首相の肖像画と松尾大佐の死体を見比べて、「まちがいない」と言ったらしい。

太田――でも、本当の首相は、そっちの肖像画になりすましていた。

田中――なりすませられるか！　コントじゃねえんだよ！　本当の首相は女中部屋に隠れて。

太田――女中になりすまして接待していた。

田中——だからコントじゃねえんだよ！　しばらく隠れていた後、なんと弔問客《ちょうもん》にまぎれて脱出したんだって。

太田——コントじゃねえかよ！

田中——しょうがねえだろ！　事実なんだから！　で、結局このクーデターは、国や海軍の鎮圧《ちんあつ》によって四日間であっけなく終結した。でもこの事件によって、その後ますます軍が力を持っていくことになった。

太田——その頃俺がいたら言ってやったのに。

田中——何を。

太田——戦争反対！

田中——単純すぎるよ！

【解説】

二・二六事件は、日本を泥沼の十五年戦争へと引きずり込んだ禍々《まがまが》しい事件とされる一方で、決起した青年将校たちの純情を愛する人たちもいる。いったい、どんな事件だったのだろうか。

太田――わかったっちゃ！

田中――だから、それをやめろって言ってんだよ！　とにかく二・二六事件は、まあ一口に言うと、当時の陸軍の青年将校《しょうこう》たちが起こしたクーデター未遂《みすい》事件といったところかな……その頃の日本はひどい状況だった。世界恐慌のさなか、一部の大企業や大銀行は中堅企業を食いものにし、政党や財閥《ざいばつ》は私利私欲《しりしよく》の塊《かたまり》で、国民は貧困にあえいでいた。

昭和に入ってすぐ、日本は金融恐慌に襲《おそ》われた。国会で片岡《かたおか》蔵相が「渡辺銀行が破《は》綻《たん》した」とまちがって発表したため、取り付け騒ぎが起き、そのせいで本当に破綻してしまったことがきっかけだった。長らく不況続きのところに起きたこの騒動は、他の銀行に対する不安をも招いて各地へと波紋を広げてしまったのである。銀行では、窓口に札束を積み上げて客に安心感を与えようとしたが、そのために紙幣《しへい》が不足し、日銀は大急ぎで二百円札（当時の最高額紙幣は百円）を五百万枚発行した。緊急のことだったので、裏が白いままの簡単な札だった。

数多くの銀行が倒れた。中小銀行からおろされた預金は大銀行へと流れ込んでいった。

以後も不景気は続き、失業者は年々増えてゆく。昭和五年（一九三〇）、政府は金解禁によるデフレ政策を断行したが、そこへニューヨークのウォール街に端を発した世界恐慌の波が押し寄せたから、その波をまともにかぶってしまい、日本はいよいよ底なしの不況へと陥っていった。

昭和六年（一九三一）にイギリスが金本位制《きんほんいせい》を停止し、ポンドが金と交換できなくなると、日本の株式取引所も立ち会いが中止されるほどの大混乱になった。いずれ日本もイギリス同様に金の輸出禁止に踏み切るだろうから、その前に円をドルに換えておき、輸出禁止になって円が安くなったときに買い戻せば大儲《おおもう》けができる。そのような思惑《おもわく》から、三井財閥を筆頭にドル買いが殺到したのである。そして予想どおりの莫《ばく》大《だい》な利益をあげた。

これはただちに金輸出停止をしなかった政策のミスでもあったが、財閥が巨利を得て国民経済を圧迫し、いっそうの破綻を招いたという批判の声が高まった。三井が満《まん》鉄《てつ》（南満州鉄道株式会社）の配当金を得ていることについても、多くの兵士が流血して手に入れた満蒙権益《まんもうけんえき》が、財閥を利するものとされていると批判された。

一方、政界では天下の困窮《こんきゅう》をよそに、政友会《せいゆうかい》、民政党《みんせいとう》などが党利党略だけを目的とする政争に明け暮れていた。そのうえ昭和四年（一九二九）の私鉄疑獄《してつぎごく》、売勲事件《ばいくんじけん》など、政界、官界ともに収賄《しゅうわい》事件も次々と発覚して、その堕落《だらく》ぶりがあらわになった。政財官のすべてが腐敗《ふはい》をきわめている。このような認識が政党や財閥に対する義憤《ぎふん》を招き、軍部主導の国家への改造を目指す「昭和維新《しょうわいしん》」の大義《たいぎ》をはぐくんだ。

太田――パンが食べられなきゃ、ケーキを食べればいいのに……。

田中――うるせえ！　とにかく、いちばん苦しんでいたのが農民だった。軍人の中には農家出身の若者も多く、彼らの中には自分の姉や妹が遊郭《ゆうかく》に売られていく姿を見てきた者も数多くいたんだ。

当時の農民の七〇パーセントは零細《れいさい》な小作農《こさくのう》だった。大不況の中、農作物の価格は大暴落し、農民たちはどん底生活を余儀《よぎ》なくされていた。昭和五年（一九三〇）には、キャベツ五十個でやっと煙草《たばこ》の「敷島《しきしま》」（十八銭）が一個、カブなら百把《わ》で「バット」一個（七銭）が買えるだけというありさまだったという。この年の豊作は米価をも急落させ、米一升《しょう》で「敷島」一個という事態にいたって「豊作飢饉《ほうさくききん》」という言葉も生まれた。

そこへ冷害による飢饉が追い打ちをかける。三年に一度は冷害といわれた東北地方では、昭和六年（一九三一）の異常寒気団南下の被害が甚大《じんだい》だった。さらに八年（一九三三）には三陸《さんりく》地方を大地震、大津波が襲い、九年（一九三四）にも六年以上の大《だい》凶作《きょうさく》に見舞われる。稲は実らず、アワやヒエさえも収穫が少なく、ジャガイモも全滅。食べるものなく、借金はかさみ、乳幼児は次々と死んでゆく。

生き延びるには娘を売るしかないという状況が日常化し、村役場に「身売り相談所」が設けられ、「娘身売りの場合は当相談所へおいでください」と書いた張り紙が見られるようにさえなった。村の娘が全員売られてしまった山村さえあったという。

一方、青年将校たちは若くして帝国陸軍のエリートとなった者たちである。十代半ばから陸軍内部で育ち、陸軍士官学校を卒業した後、隊付勤務についた青年将校たちは、よくも悪くも世間知らずな純粋さを持っていた。その彼らが、下士官や兵士に教育訓練などで接するうち、その出身地である農村の追いつめられた悲惨な状況を知るようになる。

このような世の中が、現人神《あらひとがみ》たる天皇の望んでいる社会の姿であるはずがない。天皇の側近の者たちが国民の思いを曲げて天皇に伝えているために、こんなことになっているのだ。こう考えた彼らは側近たちのことを「君側《くんそく》の奸《かん》」（君主のそばにいるわるもの）と呼んで憎んだ。

「君側の奸」を討って、天皇の意に沿った体制へと国家改造しなくてはならない。「尊《そん》皇討奸《のうとうかん》」をスローガンにした二・二六事件の青年将校たちは、このような動機を胸に決起したのだった。

ちなみに、「パンが食べられなきゃ……」の元ネタは、傲慢《ごうまん》で知られたフランス王ルイ一六世の妃、マリー・アントワネットの言葉。

太田――ところが、その軍の中にも派閥があった。二・二六事件というのは、見ようによってはこの派閥争いが発展したもので、国に対するクーデターというよりも、陸軍内部の内ゲバという見方もできるんだ。

田中――突然本質的なこと言うな！　でもたしかにそのとおりで、当時、陸軍内部には派閥があって、永田鉄山《ながたてつざん》軍務局長を筆頭に中堅幕僚《ばくりょう》たちが中心となった、「合法的に国家を改造しよう」とする〝統制派《とうせいは》〟と、後に二・二六事件を起こすことになる青年将校たちを中心とした、「国家改造のためなら、武力も辞さず」といった〝皇道派《こうどうは》〟と呼ばれる人たち。

陸軍では、明治維新《めいじいしん》に功績のあった長州《ちょうしゅう》と薩摩《さつま》の出身者が閥《ばつ》を成してきたが、明治十年（一八七七）の西南戦争《せいなんせんそう》以降は長州閥が圧倒的に優勢であり続けた。大正時代になってデモクラシーの風潮が強くなり、護憲運動《ごけんうんどう》が盛り上がって、長閥《ちょうばつ》の首領・桂太郎《かつらたろう》の内閣が倒される「大正の政変《たいしょうのせいへん》」が起きると長閥の支配は揺らぎ、大正十一年（一九二二）に長州閥の長老・山県有朋《やまがたありとも》が没するにいたってついに長閥の命脈《めいみゃく》は尽きた。代わって力を得たのは、薩摩閥の上原勇作《うえはらゆうさく》である。上原の周囲には九州勢の者たちが集まって、新たな閥が形成されてゆく。

薩摩閥の勢力の強まりに田中義一《たなかぎいち》ら長州派首脳は、陸軍大臣となる者に条件をつけることで対抗した。前任陸軍大臣、参謀総長、教育総監という三長官が一致して推薦しなくてはならないという内規を作ったのである。そうして、上原が強く推薦していた候補をつぶし、準長州閥ともいえる立場の宇垣一成《うがきかずしげ》をその任につけた。

陸軍大臣となった宇垣は積極的に軍備の整理を進めた。田中隆吉《たなかりゅうきち》『日本軍閥暗闘史』（中公文庫）によれば、当時の軍隊は世界の軍備水準に比べてあまりにも時代遅れで、軽機関銃も重機関銃もなく、飛行機も偵察機《ていさつき》しか持っていないという状態だった。そこで宇垣は、銃器はもちろん、戦車や飛行機など新兵器を導入し、軍の機械化を急がねばならないと考えた。だが不景気で予算はない。そこで四個師団《よんこしだん》の兵力を削《さく》減《げん》し、その分の経費を近代化に振り向けることにした。その頃は世界的に軍備縮小が進められていたときだったので、加藤《かとう》内閣は外交上のジェスチャーとして、この整理を軍備縮小と宣伝したのだという。

この処置により、三万七千人に及ぶ軍人が退職させられ、残った者たちも多くが配置替えされた。軍内には軍縮への恨《うら》み、つまりは宇垣に対する恨みがつのる。私憤《しふん》のようだが、憂国《ゆうこく》の軍人たちには、政財官界が腐敗しているばかりか、軍上層部もそれと癒着《ゆちゃく》して軟弱化し、国家の危機を招いているという義憤として意識されていた。上原はことごとに宇垣に反対し、上原周辺の将校たちも宇垣を国賊《こくぞく》とののしった。この一派が皇道派となる。武力による非合法な手段で「君側の奸」を排除し、国家を改造しようと考えるグループである。その青年将校の心情を理解し、あるいは利用したともされる将軍が荒木貞夫《あらきさだお》と真崎甚三郎《まさきじんざぶろう》だった。特に真崎は、彼らからほとんど偶像視されていたという。

一方、宇垣の周辺には「桜会《さくらかい》」という派閥ができたが、「三月事件」や「十月事件」というクーデター未遂事件によって解散させられた。その残党は清軍派という小さな派閥を作った。

対して、皇道派や清軍派を粛正《しゅくせい》し、軍を統一して合法的に国家を改造し、来るべき対中国戦に備えるべきだと考えていた中堅幕僚のグループが統制派である。

昭和六年（一九三一）十二月には荒木中将が陸軍大臣となり、皇道派の合盛期が訪れる。が、九年に肺炎になった荒木が辞任すると、派閥色の判然としなかった林銑十《はやしせんじゅ》郎《うろう》が後任となり、真崎を教育総監に、永田鉄山を軍務局長に選任した。軍務局長とは陸軍の中枢《ちゅうすう》を握るといわれる重要なポストであり、永田は統制派の首領と目されていた人物である。軍の主導権が統制派へと移ったわけである。

統制派による巻き返しが始まり、要職から皇道派が追放されてゆく。皇道派の青年将校たちは孤立を深めてゆく。そして昭和十年（一九三五）七月、真崎甚三郎大将が教育総監を罷免《ひめん》されたことで、両派の勝負は決着したかに見えた。陸軍の中央は完全に統制派によって占められたのである。

田中――うるせえ！　とにかく軍内部では統制派と皇道派が対立していた、そんな中、統制派の首領である永田鉄山を皇道派の相沢三郎《あいざわさぶろう》中佐が刺殺するという〝永田事件《ながたじけん》〟が起きるんだ。これは〝相沢事件《あいざわじけん》〟とも呼ばれてるんだけど。

太田――まぎらわしいから、いっそのこと仲よく〝永田君と相沢君事件〟にすればいいのに。

皇道派の青年将校たちは真崎甚三郎の更迭《こうてつ》を永田鉄山軍務局長の陰謀《いんぼう》であると考え、永田への憎しみを強めた。八月十二日、ついに相沢三郎中佐が白昼堂々と軍務局長室に入ってきて、永田を斬殺《ざんさつ》する。相沢は取り調べで「伊勢の大神が、相沢の身体を借りて天誅《てんちゅう》を下し給《たも》うたので、自分の責任とは違う」などと語った。

今ならこんな発言をしては相手にされないだろうが、皇道派にとってはヒーローだった。青年将校たちは相沢を支持する公判闘争を行い、統制派との対立をさらに深めてゆく。この事件に驚いた林は陸相を辞任し、後任には中立派を立てて彼らをなだめようとした。だが、もはや青年将校たちの動きを止めることはできなかった。

「君側の奸」を倒す時だ。昭和十一年（一九三六）二月二十六日未明、東京麻布の第一師団歩兵第一、第三連隊を主とする将兵が武装蹶起《ぶそうけっき》した。東京は、三十年ぶりの大雪で一面白く覆《おお》われていた。

田中――わけのわかんないボケすんなよ！　彼らは下士官《かしかん》千四百名を率いていた。その下士官たちの中には、わけもわからないまま無理矢理かり出された者もたくさんいたらしい。その中に、今の柳家小《やなぎやこ》さん師匠《ししょう》もいたんだって。

太田――人間国宝に何やらしてんだよ！

田中――その頃はまだ国宝じゃねえよ！　決起部隊の狙いは時の総理大臣・岡田啓介《おかだけいすけ》、そのほか国の重臣たちの暗殺だった。

太田――毎度バカバカしい。

岡田首相以外でねらわれたのは、真崎の後任の教育総監・渡辺錠太郎、鈴木貫太郎侍従長、斎藤実内大臣、高橋是清蔵相、牧野伸顕《まきののぶあき》前内大臣ら。さらに警視庁と陸相官邸が占拠された。

小さん師匠はそのとき二十一歳。歩兵第三連隊重機関銃隊に所属していた。二月二十六日の朝、何があるとも知らされないまま実弾を渡されて出動した。偉い人が襲撃されるという情報が入ったので、その護衛に行くらしい、などという噂を耳にしながら向かったところは警視庁。取り囲み、なぜかもわからないまま占拠し、地下で待機して翌朝を迎えると、「ダルマ（高橋蔵相）がやられた、岡田（首相）もやられた」という下士官たちの声が耳に入り、なるほど、そういう人たちの護衛のためだったかと思い、だが警視庁の地下室にこもっていて何になるのだろうかと疑問にも思ううち、夕方には食糧が届かなくなって、ようやく自分たちが襲撃している側であり、反乱軍とされていることがわかったという。

やがて警視庁から鉄道大臣の官舎に移ったが、皆とまどい、憂鬱《ゆううつ》にうつむいて黙りこくっている。すると班長が小隊長に「小林（小さん師匠の本名）に落語でもやらせて元気をつけさせたい」と提案した。小隊長は、「このさなかに落語とは何事《なにごと》だ！」と怒鳴《どな》ったが、班長はなお食い下がり、結局やることになってしまった。師匠はイヤだったが、仕方なく、「子褒《こほ》め」という噺《はなし》を始めた。誰ひとりクスリとも笑わない。「生涯を通して、こんなつまらない落語をやったのは、最初で最後だろう」という。[注1]

太田——コントじゃねえかよ！

田中――しょうがねえだろ！　事実なんだから！　で、結局このクーデターは、国や海軍の鎮圧《ちんあつ》によって四日間であっけなく終結した。でもこの事件によって、その後ますます軍が力を持っていくことになった。

二十七日、岡田内閣は総辞職し、東京には戒厳令《かいげんれい》が敷かれた。青年将校たちは自分たちの行為の正しさを信じていたし、その誠意が天皇に理解されないはずがないと思っていた。だが、事態を知った天皇は激怒《げきど》し、反乱軍として鎮圧を命じた。

事件はあっけなく終結した。太田が言うように、コントめいて感じられてしまうほど非現実的な計画だった。だが、この事件によって皇道派は壊滅し、統制派が陸軍を完全に掌握《しょうあく》する。そして日本は、軍国主義の道を突き進むことになるのである。

［注1］『決定版　昭和史7』（朝日新聞社・一九八四年）に所収の談話による。

室町時代

室町時代の巻

●1336(建武3・延元1)年8月―足利尊氏が光明天皇を即位させて室町幕府を開設。ここに後醍醐天皇と光明天皇、2つの朝廷が存在する南北朝時代が始まった。室町時代は、この南北朝が合一された1392年と、応仁の乱が起こった1467年によって初期・中期・後期に三分して語られることが多い。広義には、鎌倉幕府滅亡後、後醍醐天皇による建武政府が成立した1333年から室町幕府が崩壊した1573年までを室町時代という。写真は伝・足利尊氏像(京都国立博物館蔵)。

太田――今回のテーマは、室町《むろまち》時代。……あーあ……つまんねえな。
田中――なんだよ！　いきなり！
太田――だって俺、興味ないんだもん、この時代。
田中――だったらやるなよ！　自分で選んでんだろうが！
太田――でも、試験に出るかもしれないし。
田中――何の試験受けるんだよ、お前が！
太田――五級船舶《せんぱく》。
田中――じゃ、絶対出ないよ！　って、試験受けんのもうそだろ！　くだらないボケを次々とかぶせんなよ！　紙面がもったいないから。だいたいなんでこの時代に興味ないんだよ。
太田――室町時代っていうと、なんとなくマイナーでつまらなそうな感じがするじゃん。
田中――そうかな。歴史好きな人の中には、この時代が面白いっていう人はたくさんいるんだけどね。
太田――歴史好きなヤツ自体が、つまらなそうだもん。
田中――それを言ったら、この連載成立しないだろう！
太田――鎌倉《かまくら》時代！　戦国《せんごく》時代！　江戸《えど》時代！　っていうと、派手でメジャーな人物がいっぱいいて、面白い事件がたくさん起きてる感じがするけどさ。
田中――室町時代は？
太田――……室町……時……代……。
田中――書き方変えてるだけじゃねえかよ！
太田――響きがつまんなそうなんだよな。
田中――じゃ、お前がいちばん面白そうに感じる響きは何時代なんだよ。
太田――縄文《じょうもん》時代！
田中――土器《どき》作ってただけで、たいした事件なんか起きてねえよ！
太田――縄文式！

田中——言ってるだけだろうが！　意味わかんねえよ！
太田——しかも、室町時代って足利氏《あしかが》だぜ。
田中——いいじゃないかよ。
太田——足利氏っていうと、なんかマイナーで弱そうな感じなんだよな、細目でさ。
田中——個人的すぎるよ！　言ってる印象が！
太田——源《みなもと》！　武田《たけだ》！　織田《おだ》！っていうと、眉毛が太くて、いかにも武将って感じのイメージなんだけど。
田中——また始まったよ。じゃ足利は？
太田——……あしかが……。
田中——ひらがなにしてるだけだろう！
太田——……たかウジ……ウジウジ……。
田中——わざとそう感じるように書いてんだよ！　だいたい、個人的印象のみで話してるから伝わりづらいんだよ、言ってることが。じゃ、お前がいちばん強そうに感じる名前ってどんなんだよ。
太田——杉田《すぎた》玄白《げんぱく》！
田中——医者じゃねえかよ！
太田——佐藤《さとう》蛾次郎《がじろう》！
田中——歴史上の武将でもなんでもねえよ！
太田——ゴジラ！
田中——うるせえよ！　いいかげんに本題に入れよ！
太田——足利氏っていうと、代表的なのは、最初に室町幕府《ばくふ》を作った尊氏《たかうじ》。「修行《しゅぎょう》するぞ。修行するぞ」ってね。
田中——それは「そんし」だろ！　「たかうじ」だよ！
太田——それから三代目将軍の義満《よしみつ》。そして八代目将軍の義政《よしまさ》。この三人を押さえておきゃいいって感じかな。
田中——そうなんだ。

太田——うん、まず最初の足利尊氏。こいつは強いな。めちゃくちゃ強い。でも敵味方がコロコロ変わる。あっちについたり、こっちについたり忙しいんだ。

田中——へえー。

太田——最初に歴史の舞台に登場するのは鎌倉時代の末期。源氏《げんじ》はすっかり滅びて、北条《ほうじょう》氏が牛耳《ぎゅうじ》ってる時代だな。後醍醐天皇《ごだいごてんのう》が実権を武士から公家《くげ》に取り戻そうとして、新田義貞《にったよしさだ》、楠木正成《くすのきまさしげ》といった武将を味方にして、「ガンダーラ」という曲を口ずさみながら北条を攻めた。

田中——絶対言うと思ったよ！　それは〝ゴダイゴ〟だろうが！

太田——で、最初は尊氏は北条の側で、これを蹴散《けち》らしたんだな。でも、その後翻《ひるがえ》って後醍醐のほうについて、簡単に鎌倉幕府を倒しちゃう。で、後醍醐天皇は「建武《けんむ》の新政《しんせい》」っていう、公家中心の体制を作る。尊氏は本当はこのときの活躍で征夷大将軍《せいいたいしょうぐん》にしてほしかったんだけど、後醍醐天皇は「い・つ・も、子供たちは〜」と唄うばっかりでとりあってくれなかった。

田中――いいよ！　もうゴダイゴネタは！

太田――あるとき、北条の生き残りの北条時行《ほうじようときゆき》が鎌倉を占領すると、尊氏は天皇から命令もされてないのに勝手に鎌倉に行って、すごい勢いでこれを取り戻しちゃう。これを見た後醍醐天皇は尊氏が恐ろしくなって、新田義貞に尊氏を討たせようとするんだけど、尊氏は逆ギレ状態で新田を追っ払って、そのままの勢いで京都まで攻めていく。でもこんどは京都に北畠《きたばたけ》家の大軍がいて、ヤベエってんで九州まで逃げて、その九州で逆にものすごい数の自分の兵を増やし、一気に京に攻め入って楠木正成を破り自害させ、後醍醐天皇は花山院《かざんいん》ってところに押しやって、光明天皇《こうみようてんのう》を立てて幕府をつくり、〝建武式目《けんむしきもく》〟って武家政治のための法律を制定する。リーチ、一発、建武式目だから、ハネ満だな、こりゃ。

田中――わけわかんねえよ！

太田――とにかく大暴れだな。で、後醍醐天皇は、それでもあくまで自分が本当の天皇であると言って吉野に逃げ、本物のミッキー吉野になっちゃった。

田中――なってねえよ！

太田――でも、吉野に逃げたのは本当。これ以来なんと、北と南に朝廷が二つ、同時に存在するという南北朝《なんぼくちょう》時代になるんだな。

田中――日本にもそんな時代があったんだね。

太田――北には、テポドンもあったらしい。

田中――ねえよ！

太田――尊氏はこの後征夷大将軍になるんだけど、こうして見てみるととにかく強いな。そのくせ、楠木正成が死んだときも新田義貞が死んだときも、惜しい武将を亡くしたなんて嘆いたりしてる。後醍醐天皇が病死したときなんかは、後醍醐天皇のために天竜寺《てんりゅうじ》という寺を建てたりしてる。そう考えてみると尊氏ってヤツは、昔、クラスに一人はいた、ちょっといじめると大ギレして、誰も手がつけられないほど暴れ回って、教室中むちゃくちゃにしたあげくに、最後は一人で号泣《ごうきゅう》してるヤツみたいなヤツだったんじゃないかな。

田中――そんなのと一緒にすんなよ！

太田――三代目将軍の義満っていうのは、やたらと政治がうまかった。まず、室町に〝花《はな》の御所《ごしょ》〟っていうのを造った。正確にはこのときから室町幕府っていう呼び方をするようになったんだけど、とにかく義満は権力を強める強める。幕府の仕組みをきっちり整えて、土岐《とき》や山名《やまな》といった家来を使って南朝《なんちょう》をガッチリ抑え、そのうち土岐や山名が勢力をつけてくるとそれを叩いて弱め、ばっちり自分の権力を強めておいて、うまいこと言って南北朝を統一し、自分は太政大臣《だじょうだいじん》になったかと思ったら、こんどは出家《しゅつけ》して法皇《ほうおう》のような存在になり、北山山荘《きたやまさんそう》に移って政治を操った。また、「明《みん》」と貿易をして莫大《ばくだい》な富を得、それで北山に金閣《きんかく》を造って権力と富の頂点に立って、最後はとうとう飛んでっちゃった。

田中――なんだよそのボケは！　感覚的すぎてわからないよ！

太田――まあ、この人のときが室町時代の中で唯一安定した時代なんだな。

田中――そうなんだ。

太田――で、八代将軍・義政。こいつは逆に、まったく政治ができなかった。だからまわりにさんざんいじめられる。しまいには「自分は風流の道に生きる」なんて言い出して、弟にあとを任せちゃう。その後もまわりの言いなりになって何だかんだやってるうちに、山名と細川《ほそかわ》の戦いを引き起こしちゃう。これがなんと応仁《おうにん》の乱《らん》に発展して、十年半も続くんだな。まちがって核のボタンを押しちゃうのはこういうヤツなんじゃないかな。

田中――なんでそんなヤツが、足利氏の中で重要なんだよ。

太田――応仁の乱が終わって焼け野原になった京に戻ってきた義政は、のんきにそこに山荘造りを始めるんだな。書画、工芸、茶、立花《りっか》(=生け花)、そして銀閣《ぎんかく》。これが東山文化《ひがしやまぶんか》として後世に残るという、どこまでいってものんきなヤツだな。

田中――そうなのか。

太田――説明が大変でボケるヒマねえよ。次回はもっと楽な時代にしよう。

田中――なんだよそれ!

【解説】

書院造《しょいんづくり》や能楽《のうがく》など今日に伝わる「日本の伝統」の多くが室町時代に形を得たが、それには足利義満の北山山荘や義政の東山山荘が創造の場として大きな役割を果たしていた。

太田——足利氏っていうと、なんかマイナーで弱そうな感じなんだよな、細目でさ。

田中——個人的すぎるよ！　言ってる印象が！

足利氏は鎌倉幕府を開いた源頼朝《みなもとのよりとも》と同じ一族だ。源実朝《みなもとのさねとも》が暗殺され、北条家が執権《しっけん》として実権を握るようになると、源氏《げんじ》一族の名門である足利氏は恐れ敬《うやま》われる存在となった。尊重もされたが危険視もされたのだ。天下を獲る前からマイナーではなかったし、武力にも優れていたのである。

太田——うん、まず最初の足利尊氏。こいつは強いな。めちゃくちゃ強い。でも敵味方がコロコロ変わる。あっちについたり、こっちについたり忙しいんだ。

田中——へえー。

足利家には、七代後の孫に生まれ変わって天下を獲ると誓った源義家《みなもとのよしいえ》の置文《おきぶみ》が伝えられていたという。足利尊氏の祖父・家時《いえとき》がその七代目だった。だが、時の北条家の権勢は強く、とてもそれはかなわなかった。それで家時は十七歳のとき、今から三代後にはこんどこそ必ずやと八幡大菩薩《はちまんだいぼさつ》に願《がん》をかけ、またしても置文を残して自害《じがい》してしまったという。

その三代目こそ、尊氏であった。

家時の置文というものが本当にあったのかどうかは定かでないらしいが、そんな伝説まで生まれるほどの代々の強い宿願を、尊氏が背負っていたことはたしかなようだ。「敵味方がコロコロ変わる」と言われるような行動も、その宿願のゆえだった。

元徳三年（一三三一）、後醍醐天皇が鎌倉幕府の打倒を目指して兵を挙げると、尊氏は北条高時《ほうじょうたかとき》から命じられて、反幕軍の討伐《とうばつ》に出兵する。あっさり勝負はつき、後醍醐は捕らえられて隠岐《おき》へ流され、いったん事態は収拾《しゅうしゅう》された。

だが、後醍醐の皇子・護良親王《もりながしんのう》が諸国の武士に呼びかけ、ゆくえをくらましていた楠木正成らが再起、後醍醐も隠岐を脱出してきて、再び蜂起《ほうき》する。やはり尊氏が征伐《せいばつ》を命じられたが、こんどは命令に従うように見せかけ、後醍醐側に身を転じた。後醍醐に密使を送って、倒幕の勅命《ちょくめい》を受けるや、各地の豪族に決起を促したのだ。足利氏の一族である新田義貞らの働きもあって、幕府は倒れた。

こうして「建武の新政」が成った。

尊氏は官位は与えられたが、新政の組織には加えられなかった。実権を一手に握ろうとした後醍醐と、幕府の再興を求める尊氏とは、すでに関係がきしみ出していたらしい。

後醍醐の政治は当時の社会の現実を省《かえり》みないものだったので、混乱が続いた。デタラメとも見える施政に公家からも武家からも批判が続出したが、耳を貸そうともしなかったという。武士の多くは後醍醐を離れ、尊氏につくようになっていった。

そうして尊氏と後醍醐との対立がいっそう強まっていたところに、北条の残党が鎌倉で兵を挙げた。すかさず尊氏は後醍醐に、「総追捕使《そうついぶし》」と「征夷大将軍」という二つの要職を要求した。この地位があれば幕府が開けるのである。だが、後醍醐は拒否。尊氏は許可を得ずに鎌倉へ出兵し、北条の残党を倒すとそのまま鎌倉に留まった。後醍醐の帰京命令を無視したことで尊氏は反逆者とされ、後醍醐は新田義貞を討伐軍として派遣《はけん》する。

だが、尊氏は強かった。結局、建武の新政は三年余りで幕を閉じることになる。

太田――とにかく大暴れだな。で、後醍醐天皇は、それでもあくまで自分が本当の天皇であると言って吉野に逃げ、本物のミッキー吉野になっちゃった。

田中――なってねえよ！

太田――でも、吉野に逃げたのは本当。これ以来なんと、北と南に朝廷が二つ、同時に存在するという南北朝時代《なんぼくちょう》になるんだな。

延元元年（一三三六）十一月、追いつめられた後醍醐は、尊氏が擁立《ようりつ》した光明天皇に三種《さんしゅ》の神器《じんぎ》を渡し、皇位を譲ると花山院に幽閉《ゆうへい》の身となった。尊氏はただちに「建武式目」を制定し、京都に新たな幕府を開く。このとき尊氏は、三十二歳だった。

だが後醍醐は花山院を脱出し、吉野に入ると、光明天皇に渡した三種の神器はニセモノだ、だから光明もニセモノである、本物を持っている自分こそがやはり本当の天皇なのだ、と主張した。

こうして南北朝時代となるわけだが、後醍醐の孤立は深まった。そして一三三九年、五十二歳で没するとき、「たとえ骨は吉野山の苔《こけ》に埋もれようと、魂魄《こんぱく》はずっと京都のある北天を望んでいようと思う」と言い残し、左手には法華経《ほけきょう》の五巻、右手には剣を握って息絶えたという。遺言に従い、墓は北向きに作られた。

太田――ばっちり自分の権力を強めておいて、うまいこと言って南北朝を統一し、自分は太政大臣《だじょうだいじん》になったかと思ったら、こんどは出家《しゅっけ》して法皇《ほうおう》のような存在になり、北《きた》山山荘《やまさんそう》に移って政治を操った。また、「明《みん》」と貿易をして莫大《ばくだい》な富を得、それで北山に金閣《きんかく》を造って権力と富の頂点に立って、最後はとうとう飛んでっちゃった。

田中――なんだよそのボケは！　感覚的すぎてわからないよ！

天授三年（一三七七）、二十歳になった三代将軍・義満は、天皇の御所の二倍もある広大な新第《しんだい》の造営《ぞうえい》に着手した。庭園には方々の公卿家《くぎょうけ》から徴発《ちょうはつ》した花木が植えられたので、「花の御所」と呼ばれた。富町幕府という名はこの新第の所在地にちなんでいる。

義満は巧みな手口で武家勢力の統合を進め、さらに南北朝の「合体」に成功する。一三九二年十月、三種の神器は南朝から北朝へと引き渡され、今後は両統から交替で天皇を出すことなどが約束された。ただし現実には南朝の解消に他ならなかった。

義満は武家、公家、寺家《じけ》といった全支配階級を統合することに成功し、天皇家のさまざまな権威をも剝奪《はくだつ》して、聖俗合わせての専制支配的な権力を手に入れた。出家して法皇のようにふるまい、実質ばかりでなく形式においても天皇より上位の立場を獲得。また明の王から「日本国王」の称号を受けて対外的にも自己の立場を確立し、国内での権威をさらに保証した。

こうして揺るぎない独裁権力を手にした義満がさらにねらっていたのは、日本史上でも空前絶後、天下を獲った武将の誰ひとりとして考えなかったものだった。天皇の位である。

応永十五年（一四〇八）四月、内裏《だいり》で、義満の次男・義嗣《よしつぐ》の元服《げんぷく》が行われた。親王待遇の儀式で、義嗣がまもなく天皇に践祚《せんそ》することは公然の秘密だったという。ところが元服から三日後、義満は急病で没してしまい、皇位簒奪《さんだつ》はあと一歩のところでついに実現しなかった。注1

田中——なんでそんなヤツが、足利氏の中で重要なんだよ。

太田──応仁の乱が終わって焼け野原になった京に戻ってきた義政は、のんきにそこに山荘造りを始めるんだな。書画、工芸、花、立花《りっか》（＝生け花）、そして銀閣《ぎんかく》。これが東山文化《ひがしやまぶんか》として後世に残るという、どこまでいってものんきなヤツだな。

義政が征夷大将軍の座についたのは十四歳のとき。蹴鞠《けまり》が上手で和歌も堪能《たんのう》、優雅なことは光源氏《ひかるげんじ》の再来と言われたほどの、雅《みやび》な若者だった。だが社会は激しく動揺しており、若き将軍には厳しい時代だった。祖父である義満や父・義教《よしのり》の政治を理想として頑張ろうとしたのだが、周囲をとりまく人々ががっちり押さえていて、思うようにはできない。やったことはえてして裏目に出る。だんだん政治に意欲を失い、もともと趣味人だけに、酒、女、猿楽《さるがく》見物、寺社参詣《さんけい》などの遊興《ゆうきょう》にひたった。

義政はなかなか男子に恵まれなかった。そこで早々に後継者を決めようと、出家していた異母弟を還俗《げんぞく》させ、養子にした。ところがその後になって男子を授かった。義政にすればうれしい誤算というところだろうが、この二人の後継問題に畠山《はたけやま》ら守護《しゅご》大《だい》名《みょう》家の内部分裂、大名間の権力闘争などがからんで、ついに応仁元年（一四六七）、応仁の乱が勃発《ぼっぱつ》する。戦いは十年半続き、京都は戦火に焼き尽くされた。激しい攻防戦の中、「花の御所」の隣の相国寺《しょうこくじ》にも火が放たれたが、そのとき義政は兵士の交える刃音を邸外に聞きながら、酒宴を楽しんでいたという。

文明十五年（一四八三）、義政は隠退し、山荘にこもってしまう。大乱以来守護大名らが自分の命令をちっとも聞かないことに腹が立つことと、妻の富子《とみこ》と喧嘩《けんか》したことがその理由だった。また息子の義尚《よしひさ》との不和も原因といい、一説には義尚が自分の寵愛《ちょうあい》していた女と通じたことで喧嘩になったともいう。このとき四十七歳。以後八年間、義政は東山山荘の造営に打ち込み、五十五歳で病死した。山荘造営も停止された。

たしかに「どこまでいってものんきなヤツ」である。だが、趣味にふけって生きた義政は、趣味の世界に徹したことで日本文化の粋《すい》ともいえる場を創造し、それを現代にまで伝えることになったのだった。「どこまでいってものんきなヤツ」は、当時の人には大変な迷惑だったろうが、現代人にとってはありがたい人でもあるわけだ。

［注1］今谷明『室町の王権』（中公新書・一九九〇年）

●B.C.10000～300年―旧石器時代から新石器時代への変化は世界的な潮流としてみられるが、その日本版ともいえるのがこの縄文時代であり、紀元前1万年頃から前300年頃まで続いたといわれている。縄文土器が特に有名だが、土器で煮炊きすることによって、以前は食用に適さなかったものまで食料化することが可能となったことの意味は大きい。食糧事情が安定することで定住型の共同体が生まれ、豊かな縄文文化をはぐくむことにもつながった。写真は縄文晩期に作られた遮光器土偶（宮城県恵比寿田遺跡出土／東京国立博物館蔵）。

10000～300 B.C.

縄文時代

縄文時代の巻

田中——今回のテーマは縄文《じょうもん》時代。

太田——何か事件起きてんのかよ!

田中——いきなり怒るなよ!

太田——バカのひとつ覚えみたいに縄の模様の器ばっかり作ってた、陶芸家だらけの時代だろ!

田中——別に陶芸家だらけの時代ってわけじゃねえよ!

太田——だって、見つかるもん、見つかるもん陶芸品だらけじゃねえかよ。陶芸家以外はいなかったんじゃねえの?

田中——そういうことじゃねえんだよ! 縄文時代っていったら、今から一万二千年前の時代なんだから、ようやく人間が食器などの道具を使い始めた時代ということで、当然見つかるものといえば、そういった土器《どき》とか土偶《どぐう》とかが多いのは当たり前なんだよ。だからといって、みんなが陶芸家だったわけじゃねえんだよ!

太田——じゃ、カリスマ美容師とかもいたのかね。

田中——いるわけねえだろ！　そんなモン。三年前でもいねえじゃねえかよ！

太田——しかし縄文時代っていったら、ほとんど原始時代だろ。日本史という枠の中に入るのかね。考古学の領域だろう。

田中——まあ、たしかにそうかもしれないけど。でも考えてみたら、縄文時代っていうのは紀元前一万年から紀元前三百年まで、約一万年近く続いた時代なんだぜ。邪馬《やま》台国《たいこく》の出現から現代まで、わずか二千年足らずだからね。ということは、日本の歴史のほとんどは縄文時代だった、と言ってもいいくらいなんだよ。

太田——ガックリきちゃうな、そりゃ。

田中——なんでだよ！

太田——壇ノ浦《だんのうら》の戦《たたか》いとか、関ケ原《せきがはら》の合戦《かっせん》とか、一生懸命やってきたことはいったい何だったんだよ。縄文時代から考えたら、ほんの一瞬の出来事でしかなかったってことじゃねえか！

田中——まあ、そうだよ。

太田——なんだよ！　バカバカしい！　完全に分量配分まちがってんじゃねえかよ！
田中——何、そんなに怒ってんだよ。
太田——これからはこの連載、あと五十回は縄文時代でいくからな。
田中——そんなに書くことねえよ！
太田——一万年もあるんだから、いくらでもあるだろう。ウボバが、ブベの貝を盗んで食べちゃったとか。
田中——何だよその、ウボバとかブベっていうのは。
太田——縄文時代のヤツって、そんな名前だろ。
田中——当てずっぽうにもほどがあるよ！　しかも勝手にありもしない事件つくるなよ！
太田——でも、だいたい縄文時代なんて、その程度の出来事しか起きてないんだろうな。
田中——たしかにちょっと前までは、縄文時代っていうと、石器時代とそう変わらな遺跡の出現によって、それまでの常識がどんどん覆《くつがえ》されてるんだよ。

い、原始的なイメージが強かったけど、七年前から調査が始まった青森県の三内丸山《さんないまるやま》

太田――たとえば？

田中――たとえばそれまでは、縄文人っていうのは狩猟・採集しかしてなかっただろうと思われていたんだけど、どうやらクリを栽培していたらしいってことがわかってきて、この頃から農耕も始まっていたんじゃないかとかね。

太田――へえ〜、そんな昔から人はクリを食べてたのか。そのわりにクリ料理っていうのは、種類も少ないし、進化してないって感じがするよな。せいぜいクリご飯か、クリきんとん、いくとこまでいってモンブラン止まりだもんな。

田中――わけのわからない疑問を提示するなよ！

太田――まあ、でもしょせん原始人は原始人だろ。

田中――いや、そのほかにもかなり進んだところはあったらしいんだよ。たとえば三内丸山からは直径二メートル、深さ二メートルの巨大な六つの柱穴が見つかって、そ

の中には直径一メートルのクリの木の柱があったらしいんだ。おそらくそこには高さ八・四メートルぐらいの大型掘立柱建物《ほったてばしらたてもの》があっただろうとされてるし、そのほかにも百二十軒以上の大型建物群や、七百軒以上の竪穴式住居《たてあなしきじゅうきよ》が見つかってるんだよ。

太田――その頃から、環境破壊が始まってたってことだな。

田中――そういうことじゃねえよ！

太田――縄文時代にも、丹下健三《たんげけんぞう》みたいなヤツがいたんだよ。

田中――やめろよ！　そのほかにも、〝縄文ポシェット〟って呼ばれるイグサ科の植物で編んだ入れ物とかも発見されたりして、縄文時代というのは、それまで考えられてきたよりもかなり進んだ文明を持っていたんじゃないかって説もあるんだぜ。

太田――そのポシェットの中から、イグサで編んだ携帯電話も見つかったんだろ。

田中――そこまで進んでねえよ。でも装飾品なんかを見ると、かなり細かくてキレイだよな、ピアスなんかもいっぱい見つかってるんだぜ。

太田――我々の親の世代がよく、最近の若い者は耳に穴開けてピアスなんかしてとんでもない、なんて言ってっけど、最近の若い者どころか、一万年前からやってるじゃねえか！　って突っ込みたくなるよな。

田中――まあたしかに、そう考えてみりゃそうだよね。

太田――でも、クリの栽培してようが、大型住居を造ってようが、ポシェットがあろうが、しょせんその程度で、原始人は原始人だろ。

田中――いや、原始人とは言えないぐらい進んでたんだよ。

太田――なんで考古学者とか、縄文時代を研究してる連中っていうのは、やたらと、縄文人は進んでたってことにしたがるのかね。ポシェットしか作れなかったんだから、どう考えたって遅れてるだろ！　現代はナップザックだって作れるんだよ！

田中――よくわからない比較をするなよ！

太田――ショルダーバッグだって、スポーツバッグだって、現代は作れるんだよ！

田中――なんでバッグばっかりなんだよ！　現代っていったらほかのもんだって作れるだろうが。別に、今よりも進んでたって言ってんじゃないんだよ。我々がこれまで考えていた以上に、縄文時代っていうのは進んでたんじゃないかって話だよ。

太田——進んでた、進んでたっていうけど、いくら進んでたっていったって、縄文人なんかしょせん毛むくじゃらの猿だろ。

田中——だから、そこまで遅れてはいねえよ！　発見された人骨の骨格から考えても、縄文人っていうのはちゃんとした人間だよ。顔は四角顔で、筋肉質でガッチリとしたレスラーのような体型で、平均身長は男性が一五八センチぐらいだったっていわれてるんだよ。

太田——お前、身長いくつだっけ？

田中——一五三センチだよ！

太田——縄文時代に生まれてもチビだったんだな。

田中——うるせえ！

【解説】

縄文時代の話題は現代人の心を熱くする。歴史に記された以前の世界に、自由で生命力にあふれた暮らしを夢見るからだろう。だが、最近の相次ぐ新発見は従来の素朴な縄文時代観を覆してしまった。

太田――壇ノ浦《だんのうら》の戦《たたか》いとか、関ヶ原《せきがはら》の合戦《かっせん》とか、一生懸命やってきたことはいったい何だったんだよ。縄文時代から考えたら、ほんの一瞬の出来事でしかなかったってことじゃねえか!

田中――まあ、そうだよ。

太田――なんだよ! バカバカしい! 完全に分量配分まちがってんじゃねえかよ!

歴史の教科書を見ても、やはり縄文時代にはほんの少ししかページをさいていない。だが、そんなに少ししか習わなかった知識さえ、わずかな時を経て、もはやまったく通用しなくなっているのだ。ページが少なくてよかったとも言えるだろう。

田中――たしかにちょっと前までは、縄文時代っていうと、石器時代とそう変わらない、原始的なイメージが強かったけど、七年前から調査が始まった青森県の三内丸山《さんないまるやま》遺跡の出現によって、それまでの常識がどんどん覆《くつがえ》されてるんだよ。

太田――たとえば？

田中――たとえばそれまでは、縄文人っていうのは狩猟・採集しかしてなかっただろうと思われていたんだけど、どうやらクリを栽培していたらしいってことがわかってきて、この頃から農耕も始まっていたんじゃないかとかね。

最近の縄文ロマンの立役者《たてやくしゃ》・三内丸山遺跡は、青森駅から約三キロ南西の沖館川《おきだてがわ》の南側に面したゆるやかな丘陵上にある。野球場を建設しようとしたことがきっかけで遺跡が発見され、平成四年（一九九二）から発掘調査が始まった。

この遺跡は縄文前期の中頃から中期末まで、年代でいえば五千五百年前から四千年前までの千五百年ほども続いた集落の跡で、これまでに見つかった縄文時代の集落としては最大のものだった。そこで、従来の縄文時代像を覆す発見が相次いだのである。千五百年にもわたってひとつの集落に定住生活していたこと、巨木を柱に用いた大型建物の跡が見つかったこと、そのうえクリなどを栽培していたらしいということがわかったときには、「狩猟・採集生活」という従来の縄文人像が大転換を迫られることになった。

太田——へえ〜、そんな昔から人はクリを食べてたのか。そのわりにクリ料理っていうのは、種類も少ないし、進化してないって感じがするよな。せいぜいクリご飯か、クリきんとん、いくとこまでいってモンブラン止まりだもんな。

縄文クリ料理のレシピは、焼くかゆでるかぐらいしかなかったかもしれない。だが縄文人は、調理よりも重大な事業に取り組んだ。クリの品質を改良したのである。品種改良というと大げさだが、食べるのに適した大粒の実のなるクリを選んで保護、管理、あるいは栽培したので、やがて大粒のクリばかりが増えていった。出土するクリ花粉を分析した結果、時代を追って均質なＤＮＡを持つものが増えてゆくことで、そのことが確認できるという。

三内丸山では、縄文人たちの居住が始まるとともに周囲の森林の開発も行われ、人工的な植生へと変えられていったと考えられている。落葉広葉樹林に火をつけて破壊し、クリ林にして、安定した食料供給をはかったらしいのである。

太田——その頃から、環境破壊が始まってたってことだな。

田中——そういうことじゃねえよ！

太田——縄文時代にも、丹下《たんげ》健三《けんぞう》みたいなヤツがいたんだよ。

三内丸山では、気ままに好きなところに家を建てて住んでいたわけではなかった。居住域と墓域とはきちんと分けられ、大型建物のあるところと普通の居住区とも分けられていた。墓地も大人と子供とで分けられ、大人の墓は通路をはさんで整然と配置されていた。道路も造られ、道の両脇にクリ林があった。

つまり三内丸山の集落は、都市計画ともいうべき思想に従って営まれていたらしい。大勢の人が共同作業しなくては建てられない、高さ八・六メートル、一説には二十メートルとまで推測しれている大型の建築物があったことも考えれば「丹下健三みたいなヤツ」もいたかもしれない。その柱に使われたクリの木は、今日ではお目にかかれないような巨木だった。この建物が何に使われたのかはまだ謎で、食料貯蔵庫《ちょぞうこ》、物見《ものみ》櫓《やぐら》、灯台、あるいは祭祀《さいし》施設などの諸説がある。どのような用途であれ集落共同の建築物であったろうから、今日の東京都庁のように集落のシンボルとも見なされていたかもしれない。

また遺跡の南西部には、南北七十メートル、東西六十メートル、高さ二・八メートルという古墳のような小丘がある。これは、建物のため柱穴を掘ったときの土や土器、石器などを千年にわたって捨て続けた結果できたもので、しかも上面が平たくなるように造成工事のようなことをした形跡まであるという。まるで埋め立てである。

三内丸山の集落に住んでいた人口は、多いときで五百人ぐらいだったろうといわれている。その程度の人口だったから、暮らしは自然環境と調和していられたようだ。だが、周囲の環境を加工して暮らし始めたという意味では、太田の主張するとおり、環境破壊の始まりであったとも言える。

太田——そのポシェットの中から、イグサで編んだ携帯電話も見つかったんだろ。

田中——そこまで進んでねえよ。でも装飾品なんかを見ると、かなり細かくてキレイだよな、ピアスなんかもいっぱい見つかってるんだぜ。

携帯電話はなかったが、遠くの人々との交流はあった。三内丸山遺跡では、遠隔地との交易によって運ばれてきたヒスイ、コハク、黒曜石《こくようせき》、接着剤として使われた天然アスファルトなどが出土している。ヒスイは、新潟県の糸魚川《いといがわ》周辺でしか採れないものだ。コハクは岩手県久慈《くじ》、天然アスファルトは秋田県槻木《つきのき》などの特産品である。当時は海が三内丸山集落の近くまで入り込んでいたので、交易船が出入りしていたのだろうと想像されている。

ところで、最近話題になった縄文の遺跡は三内丸山ばかりではない。各地の遺跡から、縄文の文化が思いのほか高度だったことを示す発見が続いている。たとえば富山県小矢部《おやべ》市の桜町遺跡《さくらまちいせき》からは、日本の伝統的な木造建築の基本的な技術がすでに使われていたことを示す柱材が見つかった。ここは縄文中期の遺跡だが、その柱材には材木同士を組み合わせるための貫通穴やえつり穴が開いていたのである。

こうした各地での新発見によって、縄文文化のイメージは急速に変わってきた。

太田――でも、クリの栽培してようが、大型住居を造ってようが、ポシェットがあろうが、しょせんその程度で、原始人は原始人だろ。

田中――いや、原始人とは言えないぐらい進んでたんだよ。

太田――なんで考古学者とか、縄文時代を研究してる連中っていうのは、やたらと、縄文人は進んでたってことにしたがるのかね。ポシェットしか作れなかったんだから、どう考えたって遅れてるだろ！　現代はナップザックだって作れるんだよ！

たしかに最近、縄文時代は実はこんなに進んでいたのだとやたらに主張したがる傾向があるかもしれない。

たとえば平成十一年（一九九九）十月二十六日の『朝日新聞』は、一面トップを「縄文後期に布製腰帯」という大見出しで飾った。北海道恵庭《えにわ》市の「カリンバ3遺跡」で縄文時代後期の地層の墓穴から赤色に染められた腰帯が見つかった。と報じた記事で、カラー写真も添えられ、「筒状に編み上げた様子が肉眼でも確認できる」と記事にはある。そして「考古学関係者は『縄文人が布製の衣服を着ていたことを具体的に裏付ける画期的な発見だ。動物の毛皮をまとった縄文人の古典的なイメージは、根本的な変更を迫られるだろう』としている」と、この発見で縄文人はいっそう進んだ文化を持っていると考えられた。

だが、誤報だった。出土したのは植物の茎のようなものを束ねただけの、腰飾りのひもだったのだ。それでも大発見ではある。他の新聞でも報道はされた。ただ、どういうわけか『朝日新聞』だけは、布だと勘違いしたらしい。きっと、縄文時代は進んでたってことにしたい欲望が勘違いさせたのだろう。「進歩的」な新聞だからだろうか。いや、たぶんそれは、今日の縄文ブームの深層に潜んでいる欲望に他ならないのだろう。

1018

平安時代

平安時代の巻

●1018(寛仁2)年10月―藤原道長が3人の娘をすべて天皇に嫁がせ、その全盛期を迎えた。8世紀末から12世紀末まで、約400年の長きにわたった平安時代は、道長ら藤原氏の台頭による摂関政治定着の時代、摂関政治衰退後の白河天皇に代表される天皇親政の巻き返し時代、そして後期、律令政治の崩壊とともに起こった一部の武士勢力(平氏、源氏)台頭の時代に整理できる。「平安」とはいえ、やはりさまざまな権力闘争が行われた時代であった。•写真は藤原道長像(紫式部日記絵詞より/藤田美術館蔵)。

田中――大化《たいか》の改新《かいしん》以降の日本の歴史の中で、いちばん長く続いた時代は何時代だと思う？
太田――チャンバラ時代？
田中――そんな呼び方、勝手に作るなよ！
太田――長いぞこの時代は。大化の改新から明治《めいじ》維新《いしん》まで、ほとんどこれだろ。
田中――そりゃそうだよ！ 勝手に時代の名称を作っちゃえばどうとでも言えるだろうが。
太田――「人間時代」とかね、旧石器時《きゅうせっきじ》代《だい》以降はぜんぶこれだな。
田中――当たり前だよ！ そうじゃなくて、ちゃんとした呼び方で言うと、実は〝平《へい》安《あん》時代〟がいちばん安定していて長く続いた時代なんだよ。
太田――へえ～、小渕《おぶち》さんが発表したあの時代か。
田中――それは〝平成《へいせい》〟だろ！ しかも今じゃねえかよ！ 何が「あの時代か」だよ。無理のあるボケ方すんな！ 〝平成〟じゃなくて、〝平安〟だよ〝平安時代〟！

1018
平安時代の巻

太田――江戸《えど》時代かと思ったけどな。

田中――そうだろ、なんとなく江戸時代がいちばん長く続いたっていうイメージがあるけど、実は三百年近く続いた江戸時代よりも、四百年近く続いた平安時代のほうが長いんだよ。

太田――そうなんだ。

田中――そう、桓武《かんむ》天皇《てんのう》が都を平安京《へいあんきょう》に移したのが七九四年。

太田――〝殺せウグイス平安京〟ね。

田中――合ってねえじゃねえかよ！　七九四年なんだから、〝鳴くよ〟だろ！

太田――ああ、〝鳴くようなら、殺してしまえ、ウグイス、平安京〟……あ、織田信《おだのぶ》長《なが》か！

田中――混同しすぎだよ！　織田信長が殺してしまえって言ったのはホトトギスで、〝鳴かぬなら〟だよ！　平安京とは関係ないんだよ！　こっちは〝鳴くよ〟。

太田――あっ、〝泣くよ徳光《とくみつ》、平安京〟！

田中——なんで徳光さんが出てくんだよ！
太田——だって、徳さん、最近涙もろいから、ＶＴＲ見てるとすぐ泣いちゃうし……。
田中——だから、そういうことじゃないんだよ！
太田——じゃあ、〝泣くよルミ子の平安京〟は？　小柳ルミ子さん、なんか今夜も泣いてそうな感じがするだろ？
田中——だから、どれがいいかじゃないんだよ！　もう決まってんだよ、ウグイスで！
太田——覚えにくいなあ！
田中——どっちがだよ！　とにかく、平安時代っていうのは、摂政《せっしょう》・関白《かんぱく》政治が確立して、安定した時代なんだよ。摂政・関白っていうのは、貴族が天皇の代わりに実質的に政治を行うために設けられた役職で、天皇が幼いときには摂政、成人した後は関白となった。
太田——摂関政治《せっかんせいじ》だな。

田中——そう。で、この時代、その摂関政治を確立し、延々と続けたのが藤原《ふじわら》氏なんだよ。

太田——「関白するか？　藤原紀香《のりか》？」ってな。

田中——くだらねえんだよ！　とにかくその藤原氏の中でも全盛期を築いたのが、〝藤原道長《ふじわらのみちなが》〟だな。この人は自分の一族を天皇の外戚《がいせき》にするためにその一生を捧げたと言っても過言ではないな。

太田——外戚？

田中——まあ、要するに親戚ってことだけどね。摂政・関白の地位につくには天皇とつながりがなければならなかった。だからまず、自分の娘を中宮《ちゅうぐう》、つまり后《きさき》として天皇に捧げ、自分の娘に天皇の子を産ませる。そしてその子が天皇に即位したときに初めて自分は天皇の外祖父《がいそふ》となって、摂政になれるわけだよ。

太田——なんだか面倒くさいな。

田中——道長は、その面倒くさくて複雑な作業を着々と進めて、派手な戦《いくさ》や革命を起こさずにすべての権力を手に入れた人なんだ。

太田——はあ。

田中——まあ、運もめちゃくちゃよかったんだけどね。まず、道長の父・兼家《かねいえ》が娘の詮子《せんし》（道長の姉）を中宮にし、その詮子の子が一条天皇《いちじょうてんのう》になり、摂政となった。そこから道長も出世していくんだけど、その時点で摂政・関白はまだ遠いハズだった。何しろ道長には兄がいたんだから、普通に考えたら順番は相当先だよね。ところが運は道長に傾いた。父亡き後、兄の道隆《みちたか》が摂政となった。道隆はその娘・定子《ていし》を一条天皇の中宮とした。するとまもなく、疫病《えきびょう》にかかって道隆は死んでしまった。代わりに関白になった二番目の兄の道兼《みちかね》もやはりその疫病で、即位してきっちり七日後に死んじゃった。

太田——当時、道隆の娘・定子は、陰で「さだこ」って呼ばれてたらしいよ。

田中——呼ばれてねえよ！　その頃、『リング』（鈴木《すずき》光司《こうじ》・著）はまだねえんだよ！　とにかくそこからは道長の独壇場《どくだんじょう》だな。まず姉の詮子のはからいで、内覧《ないらん》という摂政と同格の位になると、娘・彰子《しょうし》を一条天皇の中宮にした。一条天皇にはすでに定子という后がいたのにもかかわらず、定子を皇后《こうごう》という座につかせ、無理矢理彰子を中宮にした。これが一人の帝《みかど》に二人の后という最初の例なんだ。その後一条天皇が亡くなり、三条天皇《さんじょうてんのう》が即位すると、二女の妍子《けんし》をその中宮にした。しかし、三条天皇とは折り合いが悪いとわかるとすぐに天皇を退位させ、彰子の子を後一条天皇《ごいちじょうてんのう》として即位させ、ついに念願の外祖父となった。しかも三女の威子《いし》を後一条天皇の中宮にし、三人の娘がすべて天皇の后という、空前絶後《くうぜんぜつご》の揺るぎない摂政・関白の地位を確立したんだ。その祝宴の席で道長が即興でうたった歌が、あの有名な歌だよ。

太田――「関白宣言」?

田中――違うよ! なんでそんなときに、さだまさしなんだよ!

太田――だって、不動の関白の地位を確立したときに唄うにふさわしい歌っていったら「関白宣言」しかねえだろ。〝俺は浮気はしない!〟。

田中――バカか! そうじゃねえよ。「この世をばわが世とぞ思ふ望月《もちづき》のかけたることもなしと思へば」って歌だよ。つまり、この世のものがすべて自分のもののように思える、まったく欠けたところのない満月のようにって意味で、世の頂点に立って、何の不安もないってことだよ。

太田——でもそのとき、息子の頼道《よりみち》にだけはこっそり耳うちして、「ま、チョト覚悟はしておけ」って言ったらしい。

田中——言わねえよ！　そんなこと。

太田——でも、そのときは、正確に言うと関白じゃなくて摂政になったわけだから「摂政宣言」かもしれないな。たしかにそう言われてみれば今の世の中、〝亭主関白〟なんて言葉は死語になったよな。亭主はみんなカミさんの尻に敷かれて「殺生《せっしょう》な、殺生な」って言ってるから、〝亭主殺生〟で、まさに「殺生宣言」かもな。

田中——どこのオヤジなんだよ、お前は！　うまいこと言おうとしてぜんぜん言えてねえよ！

太田——「カアちゃん許してくだしゃんせ〜、深酒博打《ふかざけばくち》もやめましゅる〜、亭主関白夢の夢〜、女房関白、ワシャ殺生ー！」なんて。

田中——勝手な歌作って唄うな！　もういいよ。

【解説】

平安時代といえば王朝文化の雅《みやび》やかなイメージが先行しやすいが、その内実は狭い宮廷社会に陰謀《いんぼう》が渦巻き、熾烈《しれつ》なサバイバル戦が繰り広げられていた。血なまぐさい陰謀は、この時代の最初からつきまとっていたものだ。

田中——そう、桓武《かんむ》天皇《てんのう》が都を平安京《へいあんきょう》に移したのが七九四年。

太田——〝殺せウグイス平安京〟ね。

田中——合ってねえじゃねえかよ！　七九四年なんだから、〝鳴くよ〟だろ！

太田——ああ、〝鳴くようなら、殺してしまえ、ウグイス、平安京〟……あ、織田信《おだのぶ》長《なが》か！

平安京を開いた桓武天皇は、天智《てんち》天皇《てんのう》の孫である光仁天皇《こうにんてんのう》の子供である。

六七二年の壬申《じんしん》の乱《らん》で、天智天皇の弟である大海人《おおあまの》皇子《おうじ》＝天武《てんむ》天皇《てんのう》が天智の子・大《おお》友皇子《とものおうじ》を倒して以来百年近くも、天皇には天武の直系のみが即位してきた。だから、天智の血をくむ光仁が天皇になったことは大変な出来事だった。そうなったのは、皇位継承をめぐって天武の直系の者たちが傍系の者たちを殺したり迫害したりし続けて、ついに天武の血をうけた男がいなくなってしまったため、そして光仁は天武系の井上《いがみ》内親王《ないしんのう》を妃としていたので、その二人の間の子である他戸《おさべ》が次代を継ぐことで天武の血筋は伝えられる、と期待されていたためだった。

だが、光仁の即位から二年後、井上皇后は光仁を呪詛《じゅそ》したとされて追われ、他戸も廃太子《はいたいし》されたうえ、さらに二人とも毒殺されてしまう。他戸に代わって皇太子となったのが桓武である。呪詛事件は、桓武を即位させるために藤原百川《ふじわらのももかわ》が仕組んだ謀略《ぼうりゃく》だったのだ。

桓武は、光仁天皇と、日本に亡命した百済《くだら》王の血をひく高野新笠《たかののにいがさ》との間に生まれている。したがって桓武が即位することは、天武系から天智系へと王朝が完全に交替することを意味していた。

七八一年、桓武は天皇に即位すると、翌年には聖武天皇《しょうむてんのう》の娘の不破内親王《ふわないしんのう》とその子とを謀反《むほん》の罪で流罪《るざい》に処し、天武系の血筋を完全に王統から排してしまう。

そして七八五年、皇太子だった桓武の弟・早良親王《さわらしんのう》が、大伴家持《おおとものやかもち》を首謀者とするクーデター計画に連座《れんざ》したとして捕らえられると、早良は食を絶って悶死《もんし》した。桓武は早良に代わって自分の息子を皇太子にすえた。後の平城天皇《へいじょうてんのう》である。

こうして桓武の王統は確立した。桓武が平安京を建設するにいたるまでには、このように血塗られた経緯があったのである。また、平安京建設の一方で、側近の坂上《さかのうえ》田村麻呂《のたむらまろ》を蝦夷《えぞ》征討に派遣《はけん》してもいる。まさに〝殺してしまえ、平安京〟であった。

太田——摂関政治《せっかんせいじ》だな。

田中——そう。で、この時代、その摂関政治を確立し、延々と続けたのが藤原《ふじわら》氏なんだよ。

サバイバル戦が必要なのは天皇家のみではない。側近も闘いを共にしながら栄華と没落の分岐で巧みに身を処してゆかねばならない。そのことに最大の成功を収めたのが、藤原氏だった。

大化の改新で活躍した中臣鎌足《なかとみのかまたり》が、六六九年に病死する前日にその出生地にちなんで賜《たまわ》った氏《うじ》が藤原である。鎌足の息子・不比等《ふひと》は、その氏の使用を自分の一家のみに限定させた。

不比等は娘を後宮《こうきゅう》へ送り込んで皇室との姻戚《いんせき》関係を結び、四人の息子を朝廷内の要職につけて権力を強め、藤原氏を最も有力な氏とした。

桓武の時代には藤原氏は、不比等の四人の息子をそれぞれの祖とする北家《ほっけ》、南家《なんけ》、式家《しきけ》、京家《きょうけ》の四家に分かれて、互いに覇《は》を競い合っていた。桓武の即位を助けたのは、藤原百川らの式家である。桓武の後宮は式家と南家出身の妃によって占められていた。

だが、北家の内麻呂《うちまろ》は、桓武に自分の妻を捧げて立身をとげ、さらに桓武の子供らの皇位継承をめぐる争いの中でも巧妙に立ち回って、勝ち残ってゆく。

以後、内麻呂の子孫は天皇と深い縁戚関係を結び、北家は天皇家に密着した特別な家柄となっていった。そして八六六年、内麻呂の孫である良房《よしふさ》がついに初めて人臣にして摂政の地位につくことになる。

ただし、その頃はまだ、摂政や関白がいつも置かれるという制度にはなっていなかった。常に置かれるようになったのは六九七年、藤原実頼《ふじわらのさねより》が、精神を病む冷泉天皇《れいぜいてんのう》を補佐するために関白となったときからのことで、これ以後の百年ほどの政治形態を摂関政治という。

摂関政治とは制度上は、天皇の執政を摂関が代行するということではなく、天皇の国政上の相談相手を関白のみが務める方式のことである。中世史家の坂本賞三《さかもとしょうぞう》氏は、このような制度を「一人諮問《しもん》」と名づけている。[注1]「摂関政治」を「親政《しんせい》」と区別する制度的な裏付けは、現在知られる限りではこの「一人諮問」の有無のみであるという。

だが摂関の地位は他の官職とは異質であり、また首位にあるものだった。

太田――外戚？

田中――まあ、要するに親戚ってことだけどね。摂政・関白の地位につくには天皇とつながりがなければならなかった。だからまず、自分の娘を中宮《ちゅうぐう》、つまり后《きさき》として天皇に捧げ、自分の娘に天皇の子を産ませる。そしてその子が天皇に即位したときに初めて自分は天皇の外祖父《がいそふ》となって、摂政になれるわけだよ。

当時の貴族社会では、子供は母親の実家で育てた。したがって外戚、つまり母方の親戚が養育や後見の役割を担い、その子が天皇となったなら、後見である外戚が摂政や関白の任にあたることになった。良房が初めて摂政となれたのも、清和《せいわ》天皇《てんのう》の外祖父だったからである。藤原氏は不比等以来、ひたすら天皇家との婚姻関係をつくることに励み続けた。

太田――なんだか面倒くさいな。

田中――道長は、その面倒くさくて複雑な作業を着々と進めて、派手な戦《いくさ》や革命を起こさずにすべての権力を手に入れた人なんだ。

道長の父・兼家は、兄・兼通《かねみち》の妨害によって不遇な日々を過ごしていたが、息子の道兼に花山天皇《かざんてんのう》をだまさせ出家させたことで摂政の地位を手に入れた。道兼は花山天皇の幼なじみだったので、妊娠していた女御《にょうご》が死んだことにショックを受けていた花山に一緒に出家しようと誘い、約束を交わして、夜中にこっそり内裏《だいり》から抜け出し山科《やましな》の寺へ入るよう手引きしたうえで、いざ寺につくや、父に挨拶《あいさつ》してくると言って逃げてしまったのである。花山は泣いて呪いながらも、あきらめるしかなかった。

こうして花山が出家すると、兼家の外孫である一条天皇が即位し、兼家は摂政の座についた。皇太子にも外孫の居貞親王《いやさだしんのう》を立てて将来を固めた。

兼家が権力をつかんだことで道長も要職につく。だが、末っ子だったから摂関の地位には遠いはずだった。ところが本文中で田中が語っているように、兄たちが次々と死んでゆき、道長に摂関への道が開かれたのである。疫病は激しく、ついに道長の上席には、道長の甥《おい》で二十二歳の内大臣《ないだいじん》・伊周《これちか》がいるだけになる。このとき道長は三十歳。伊周の妹・定子が一条天皇の中宮として寵愛《ちょうあい》を受けていることを除けば、道長のほうが有利だった。

太田——当時、道隆の娘・定子は、陰で「さだこ」って呼ばれてたらしいよ。

伊周と道長は激しく争った。だが、一条天皇の生母で道長の姉・詮子の後押しを受けたことで道長は内覧の宣旨《せんじ》を受け、その将来をたしかなものにした。その背景には詮子と定子との嫁姑関係の悪かったことがあったともいわれる。一条は定子への思いから、伊周を指名しようと決めていたのだが、母の詮子が夜の御殿に来て、泣きながら説得したという。

伊周はそれを不満とし、さらに争いは続いた。だが、弟の隆家《たかいえ》とともに花山法皇《ほうおう》に弓を射かけるという事件を起こし、さらに詮子に対する呪詛の疑いもかけられて太宰《だざい》府《ふ》に流されてしまう。
これが道長の謀略であったかどうかは定かでないが、事件を道長は最大限に利用した。この騒ぎによって定子が出家させられるや、すかさず十二歳の長女・彰子を一条の中宮にすえたのである。だが一条は、尼姿《あま》になった定子をなお手放そうとしなかった。そのため、史上初の一帝二后という事態が生じた。それほど一条の定子への思いは強かったのだ。だが、それが定子の命を縮めることにもなった。定子はまもなく男子を出産し、すぐに再び妊娠したが、産褥死《さんじょくし》をとげてしまうのである。
一方、道長は、内大臣、右大臣、左大臣と昇進しながら、三人の娘を三代天皇の中宮に送り込むという前代未聞の偉業（？）をなしとげ、地位を将来にわたって揺るぎないものとしていった。

太田——「関白宣言」？

田中——違うよ！　なんでそんなときに、さだまさしなんだよ！

摂関職につく前からその権勢は摂関と変わらないと評されていた道長は、後に「御《み》堂関白《どうかんぱく》」とも呼ばれるようになる。実際には一度も関白になってはいないのだが、関白に劣らぬ絶大な権力があったのである。

太田——でもそのとき、息子の頼通《よりみち》にだけはこっそり耳うちして、「ま、チョト覚悟はしておけ」って言ったらしい。

田中——言わねえよ！　そんなこと。

長和五年（一〇一六）、道長は摂政となった。だが、その地位にあったのはわずか一年ほどのことだった。すぐに息子の頼通に譲ってしまったからである。

関白や摂政になるには大臣の経験が必要とされ、それがない場合には道長のように内覧の宣旨を受け、実務経験を積んでからなるのが普通だったが、頼通にはわずか十二日間の内大臣の経験しかなかった。それでも許されたのは、道長の権力がそれだけ大きなものだったからだ。また道長は、地位は譲ったが実権は握ったままで、頼通の政務を導き、時には激しく叱ったりもしたという。人々は道長を「大との」と呼んで恐れはばかったほどだった。頼通に位を譲るとき、「ま、チョト覚悟はしておけ」などと言っていてもおかしくない現実ではあった。

だが、「この世をばわが世とぞ思ふ」ほどの満足を覚えた道長にもすぐに不安は訪れる。その頃からすでに病気がちになっており、はたして自分は極楽往生《ごくらくおうじょう》できるのかと来世《らいせ》への不安にとらわれ出したのである。道長は出家し、法成寺《ほうじょうじ》の建立《こんりゅう》に着手する。極楽世界をこの世に再現するかのような華麗で広大な寺を建設すると、その寺域内の寝殿で念仏に専念して暮らした（ここが「御堂」と呼ばれたことから、「御堂関白」の名が生まれた）。

そして治安七年（一〇二七）、道長は、阿弥陀堂《あみだどう》で九体の阿弥陀仏の手から引いた糸をとり念仏を唱えるという浄土教《じょうどきょう》の臨終作法に従って最期を迎えた。六十二歳だった。

道長が没すると頼通は気弱にうろたえ、時には関白などやめたいとまで考えたが、それでも治暦四年（一〇六八）に弟の教通《のりみち》に譲るまで、計五十年にもわたって摂関の地位にあり続ける。

だが頼通は、自分の娘に皇子《おうじ》を産ませることはできなかった。

一〇六八年、藤原摂関家と婚姻関係を持たない後三条天皇《ごさんじょうてんのう》が即位し、摂関の絶大な権力は失われてゆく。摂関政治の時代の終わりである。ただし摂関の役職そのものは、道長の子孫である摂関家の者が外戚関係の有無にかかわらず世襲して、明治時代まで続くことになる。

［注1］坂本賞三『藤原頼通の時代』（平凡社・一九九一年）

1923

大正時代

大正時代の巻

●1923(大正12)年9月1日—関東大震災で首都壊滅。名実ともに明治の終わりを告げる象徴的なできごととなった。1912年から1926年におよぶ大正時代には資本主義の急成長、労働者・農民の政治進出を背景に、政治・社会・文化の各分野において大正デモクラシーと呼ばれる風潮が進行、文壇でも数多くの文豪が生まれた。また、1914年に勃発した第一次世界大戦によって列強諸国の関心が欧州に向いているすきに、日本はアジア市場の独占と中国への侵攻を実行。軍需品の輸出も増大し、日本は大戦中、高度成長を遂げたのだった。写真は関東大震災で被害を受けた「浅草十二階」(毎日新聞社提供)。

太田――大正《たいしょう》時代っていうのは、たった十五年しかないんだけど、めちゃくちゃいろんなことがあった時代なんだよな。
田中――そうなんだ。
太田――まず、大正政変《たいしょうせいへん》ってのがあった。
田中――それは何？
太田――教えない。
田中――それじゃ、話が続かねえだろ！
太田――また来月。終わり。
田中――〝終わり。〟じゃねえよ！　紙面を使って遊ぶな！
太田――こういうのもたまにはシュールでいいな。
田中――よくねえよ！　いいから早く説明しろよ！
太田――明治の終わりから大正の初めというのは桂園時代《けいえんじだい》というのが続いていた。桂園時代というのは、桂太郎《かつらたろう》と西園寺《さいおんじ》公望《きんもち》が交互に政権を担当していた時代のことなんだ。

田中――へえ。

太田――つまり、ものすごく複雑で読みにくい名前と、バカみたいに簡単な名前が交互で総理大臣になってたんだな。

田中――関係ねえだろ！　そんなことは！

太田――〝西園寺公望〟と〝桂太郎〟だぜ、極端すぎるだろう。

田中――いいんだよそんなことは、どうだって。

太田――なんか、どっしりと座って石のように動かない西園寺公望のまわりを、桂太郎はピョンピョン飛び跳ねてるって感じだよな。

田中――勝手なイメージつくるなよ！

太田――で、しばらくはこの二人で代わりばんこに首相をやってたんだけど、そのうち、いいかげんにしろ！　この凸凹《でこぼこ》コンビ！　ってことになったんだよな。

田中――なんでだよ！

太田――この頃から〝憲政擁護《けんせいようご》〟といった風潮が高まってきて、これが第一次護憲運《だいいちじごけんうん》動《どう》になるんだな。これは、藩閥《はんばつ》や華族《かぞく》だけで仕切る政治をやめようといった運動で、政友会《せいゆうかい》の尾崎行雄《おざきゆきお》や、立憲国民党《りっけんこくみんとう》の犬養毅《いぬかいつよし》なんかが桂の退陣を要求して、桂は三度目の政権についてから五十日余りで退陣させられた、これが大正政変というんだよ。

田中――犬養毅っていったら、五《ご》・一五《いちご》事件で青年将校《しょうこう》に暗殺された人だよね。

太田――そう、たしか殺される前に将校に向かって、「使ってみればわかります」とか言った人。

田中――「話せばわかる」だよ！　なんだよ「使ってみればわかります」って、そんな緊迫したときに何の効果試してるんだよ！

太田――で、その直後、大正三年（一九一四）には第一次世界大戦が起こって、日本もドイツに宣戦布告して参戦するんだけど、このへんから日本は、やってることがめちゃくちゃになってくる。

田中――そうなんだ。

太田――もう、やってることがセコイ。日本がこの戦争に参戦したのは、イギリスと同盟を結んでいたからというのが建前としてはあるんだけど、本音の部分では、当時ドイツが持っていた中国の領土をドイツから獲って自分のものにしたいという思惑《おもわく》があったんだな。

田中――へえー。

太田――で、まんまとドイツに勝つんだけど、まだ大戦は続いてる。ほかの連合国がヨーロッパのほうで戦ってるすきに、日本は中国に二十一カ条の要求を叩きつけた。

田中――二十一カ条。

太田――これがまたひどいんだ。山東省《さんとうしょう》のドイツの権益を日本に引き継がせろだの、旅順《りょじゅん》・大連《たいれん》の租借《そしゃく》期限、満州鉄道の租借期限を延長しろだの、中国政府に日本人顧問《こもん》を入れろだの、とにかく国ごと乗っ取っちゃうような勢いだよな。で、こんな無茶な要求を出しといて、自分たちがこの要求を出したことをほかの国には言わないように、って口止めまでしてんだから。

田中——うわ、セコイな。

太田——これからもっとセコイ話になるぞ。いいか、お前の生まれ育った国はどんな国か、よ〜く聞いとけよ、ジャップ。

田中——お前だって日本人だろ。

太田——さすがに中国もこれには怒った。今までいろんな国からいろんな目にあわされたけど、こんなひどい条件を出されたことは初めてだったんだな。当時の中華民国《ちゅうかみんこく》の袁世凱大総統《えんせいがいだいそうとう》は日本に対し「日本人は中国をブタか犬のように見ている」って言ったぐらいだから、よっぽどショックだったんだろう。で、中国はアメリカにこのことを言いつけちゃった。当然「なに〜っ!」ってことになるわな。で、日本は「わっ、バレたっ!」てんであわてて英、露、仏、米各国に二十一カ条の内容を「こんなの出しちゃいました、デへへ……」ってな調子で見せたんだけど、そのとき、〝中国政府に日本人顧問を入れろ〟っていう部分は、さすがに皆が見たら怒るだろうなぁって思って、そこだけ除いて見せたんだ。

田中——ほんとセコイな。
太田——そしたら、それも中国にバラされちゃった。
田中——ダセェ。
太田——もう、ブスでデブなヤツが、鼻クソほじくってるところを見つかっちゃったみたいな状況だな。
田中——そのたとえ、よくわかんねえよ！
太田——で、欧米は「俺たちが一生懸命戦争してるときに日本は端っこで何やってるんだ！」ってカンカンに怒っちゃった。
田中——そりゃ怒るよな。
太田——でも、結局、中国はこの二十一カ条を譲歩《じょうほ》案で受理《じゅり》したんだ。
田中——そうなんだ。
太田——日本は袁世凱大総統に対して、この条約を受理すれば、もう一段昇進することを保証するって言ったんだ。

田中――へえ〜。
太田――でも、すでに大総統だぜ。それ以上どこまで昇るんだって感じするけどな。
田中――まあね。
太田――超ウルトラ大総統とかね。
田中――名前の問題じゃねえだろ！
太田――まあ、袁は当時、中国での独裁政権の足場を固めたかったから、そういう形での日本のバックアップが欲しかったんだな。
田中――なるほどね。
太田――でも、孫文《そんぶん》をはじめとする大多数の中国人はこれをよしとしなかった。国辱《こくじょく》だと受け止めたんだ。それで、この条約を受理した一九一五年五月九日は〝国恥記念日《こくちきねんび》〟ってことになって、日本は中国からかなりの反感を買ったんだな。
田中――そうなんだ。
太田――孫文は詩まで作った。「この条約受理するって、アナタが言ったから、五月九日は国恥記念日」。

田中——うそつけ！

太田——そうこうしてるうちにロシアではレーニンがロシア革命を起こして、第一次大戦どころではなくなってしまう。共産主義《きょうさんしゅぎ》が台頭してくるのをアメリカも黙って見てるわけにはいかなくて、干渉《かんしょう》する。でもアメリカとしては日本には干渉してほしくないわけだ。また何しでかすかわからないし。

田中——そうだろうな。

太田——案の定、日本は出ていくんだな。これがシベリア出兵《しゅっぺい》だ。チェコ軍救済っていう名目なんだけど、本当の目的は北満州・シベリア方面の権益拡大だな。日本はどの国よりも多くガンガン出兵するんだけどなかなかうまくいかない。で、ほかの国が皆撤退して、日本も撤退しろって言われてるにもかかわらず、最後まで利権に固執して撤退せずに、シベリアを荒らすだけ荒らして、結局何も得なかった。約四年間で軍事費十億円、死者三千五百人、終わったときは世界中から白い目で見られた。郷ひろみのゲリラライブみたいなもんだな。

田中――ぜんぜん違うよ！

太田――その間に国内では米の値段が高騰《こうとう》し、米騒動《こめそうどう》が起きる。二カ月で七十万人以上が参加、これによって寺内正毅《てらうちまさたけ》内閣総辞職。ほかに豆騒動も起きたみたいだけどな。

田中――豆騒動？

太田――小さな騒ぎ。

田中――くだらねえんだよ！

太田――その後、原敬《はらたかし》暗殺、戦後恐慌《せんごきょうこう》、そしてとどめが関東大震災《かんとうだいしんさい》。マグニチュード七・九！　東京は一日にして焼け野原になっちゃった。日本はこの状態で激動の昭和へ突入していったわけだな。

田中――すごい時代だな。

太田――まさに、大正ロマンだよな。

田中――ぜんぜん違うよ！

【解説】

大正時代には、民本主義《みんぽんしゅぎ》の流行や、都市的な大衆文化の成長など、自由で明るい雰囲気が漂う。だが、期間にすれば十五年足らずでしかないその時代は、日本近代史上の大きな曲がり角でもあった。

太田――明治の終わりから大正の初めというのは桂園時代《けいえんじだい》というのが続いていた。桂園時代というのは、桂太郎《かつらたろう》と西園寺公望《さいおんじきんもち》が交互に政権を担当していた時代のことなんだ。

田中――へえ。

桂太郎は、長州藩《ちょうしゅうはん》出身の軍人政治家で、藩閥《はんばつ》を背景にした官僚勢力を代表する存在。

西園寺公望は公卿《くぎょう》出身で、政友会総裁《そうさい》として政党勢力を代表する存在だった。

桂太郎は明治三十四年（一九〇一）に首相となったが、明治三十八年（一九〇五）に反対意見の強いポーツマス講和条約《こうわじようやく》を締結するため、第一党である政友会と連携しようと議会工作し、次回は西園寺公望総裁に政権を譲ることを取引条件として、協力をとりつける。

そうして結んだ講和だったが、賠償金もなく、得た領土は樺太《からふと》南部のみという条件に民衆の怒りが爆発した。一年半にわたった日露《にちろ》戦争《せんそう》は連戦連勝の報道ばかりで、実は戦争を続ける経済力も戦力も尽きているなどとは知らされていなかったから、莫大な償金や相当の領土を得られるに違いないと思っていたのである。戦争中の物価高や生活不安もその期待と失望との落差を大きくした。暴徒と化した群衆が日比谷《ひびや》焼打事《やきうちじ》件《けん》などの大暴動を起こし、桂太郎の妾・お鯉《こい》の家を襲った者たちまでいた。全国各地が暴動で揺れた。

この騒ぎによって第一次桂内閣は総辞職し、西園寺内閣が発足した。「桂園時代」の始まりである。

太田――で、しばらくはこの二人で代わりばんこに首相をやってたんだけど、そのうち、いいかげんにしろ！　この凸凹《でこぼこ》コンビ！　ってことになったんだよな。

田中――なんでだよ！

太田――この頃から〝憲政擁護《けんせいようご》〟といった風潮が高まってきて、これが第一次護憲運《だいいちじごけんうん》動《どう》になるんだな。これは、藩閥《はんばつ》や華族《かぞく》だけで仕切る政治をやめようといった運動で、政友会《せいゆうかい》の尾崎行雄《おざきゆきお》や、立憲国民党《りっけんこくみんとう》の犬養毅《いぬかいつよし》なんかが桂の退陣を要求して、桂は三度目の政権についてから五十日余りで退陣させられた、これを大正政変というんだよ。

第一次護憲運動の発端は、軍備費をめぐる争いだった。

日本は日露戦争に勝利したとはいえ、賠償金はなく、戦時の外債《がいさい》の元利支払いに加え、軍事大国を目指しての軍備拡張や植民地経営のため、財政は逼迫《ひっぱく》していた。

そこで、明治四十四年（一九一一）に組閣した第二次西園寺内閣は行財政整理を第一の課題とし、一〇％の経費削減《さくげん》を目指した。つまり、行革である。

ところが明治四十五年（一九一二）、陸軍大臣の上原勇作《うえはらゆうさく》は陸軍の二個師団《にこしだん》増設を強く主張した。明治四十三年（一九一〇）の韓国併合《かんこくへいごう》以来の要求で、特に四十四年の辛亥革命《しんがいかくめい》以降の中国への対応のためにも、朝鮮に二個師団を常時駐屯《ちゅうとん》させねばならないという理由だった。また、列強で進む巨大船艦の建造競争に遅れまいとしていた時代のことで、海軍に陸軍より多くの予算がつくことが続いていたことへの対抗意識もあったといわれる。

この主張が閣議で否決されると、上原はひとり辞職してしまった。後任の陸軍大臣がいなければ内閣は成り立たないが、陸軍は後任の推薦を拒否したため、第二次西園寺内閣は総辞職を余儀《よぎ》なくされてしまう。

結果、桂太郎の第三次内閣が組織されたが、その際に天皇に詔勅《しょうちょく》を出させて、軍備拡大を唱える海軍大臣・斎藤実《さいとうまこと》を留任させるなどしたために、陸軍の横暴は目に余ると世論が沸騰《ふっとう》。全国の商業会議所が続々と師団増設に反対する声明を出し、実業家や政党系代議士、記者らは「憲政擁護会《けんせいようごかい》」を結成して、「閥族《ばつぞく》政治の打破」「政党政治の発揮」「憲政擁護」などを唱えた。

この第一次護憲運動の背景には重税への反発があった。苦しい財政を支えるため、戦時中の戦時非常特別税はそのまま継続され、さらに種々の新税が国民生活にのしかかっていた。一方、明治天皇《めいじてんのう》の崩御《ほうぎょ》は新時代到来の予感を与え、自由主義的な言論が盛んに唱えられる風潮が生まれていた。

そうした事情が民衆の激しく熱い行動を誘ったのである。

騒ぎの高まりに桂はまたしても詔勅を出させて議会を停会したが、議会が再開されるや政友会と国民党が内閣弾劾《だんがい》議決案を提出する。尾崎行雄は、詔勅を政争に利用する手口を批判する名演説で桂を追いつめた。

さらに議会周辺を数万の群衆が取り囲み、このままでは内乱に発展しかねない事態にまでいたって、ついに桂内閣は総辞職せざるを得なくなった。だが、そのことを知らない群衆は政府系新聞社、警察署、交番などを焼き打ち。ついには軍隊が出動した。暴動はさらに全国へと波及していった。

太田——で、その直後、大正三年（一九一四）には第一次世界大戦が起こって、日本もドイツに宣戦布告して参戦するんだけど、そのへんから日本は、やってることがめちゃくちゃになってくる。

田中——そうなんだ。

太田——もう、やってることがセコイ。日本がこの戦争に参戦したのは、イギリスと同盟を結んでいたからというのが建前としてはあるんだけど、本音の部分では、当時ドイツが持っていた中国の領土をドイツから獲って自分のものにしたいという思惑《おもわく》があったんだな。

田中——へえー。

一九一四年六月二十八日、サラエヴォで、オーストリア＝ハンガリー帝国の皇太子がセルビアの青年革命家に暗殺されたことをきっかけに、七月二十八日、オーストリア＝ハンガリー帝国はセルビアに宣戦布告。ヨーロッパ諸国を巻き込む第一次世界大戦へと発展した。
日本はチャンス到来と喜び、日英同盟《にちえいどうめい》を口実にしてドイツと戦うことを決定する。極東域でのドイツ軍艦の捜索・撃破に限っての参戦を要請していたイギリスは、全面参戦の意欲を見せる日本の野心に気づくと、中国の情勢やアメリカの意向なども配慮して要請を取り消し、逆に宣戦布告を見合わせるようにと伝えてきた。にもかかわらず日本は強引に参戦し、ドイツが領有していた青島《チンタオ》を総攻撃して占領してしまう。ドイツ軍は防衛体制を整えていなかったため、戦闘は一週間ほどで決着がついた。

太田——で、まんまとドイツに勝つんだけど、まだ大戦は続いてる。ほかの連合国がヨーロッパのほうで戦ってるすきに、日本は中国に二十一カ条の要求を叩きつけた。
青島を攻撃するとき陸軍は渤海湾《ぼっかいわん》から上陸したが、すぐには青島へ向かわず、まず山東鉄道《さんとうてつどう》を占領した。それは交戦地域を限定した中国との約束に違反する行為だった。中国はそのことを米国に訴えつつ、日本軍に撤退を要求した。すると日本は撤退するどころか、逆に二十一カ条要求をつきつけたのだった。

その内容は、五号からなっていた。

第一号は、山東省に関する四項目。ドイツが中国で持っていた権利については、日独間の協定に従うことや、山東省の鉄道敷設権を日本に譲ることなど。

第二号は、南満州および東部内蒙古《うちもうこ》に関する七項目。旅順、大連の租借権、満鉄と安奉鉄道《あんぽうてつどう》に関する権利をそれぞれ九十九年延長することや、日本人が農耕や商工業のために土地を所有できることなど。

第三号は、漢冶萍公司《かんやひょうコンス》（＝製鉄所）に関する二項目。この製鉄所を日中合弁にすることなど。

第四号は、中国沿岸の湾港および島嶼《とうしょ》を第三国に割譲《かつじょう》、貸与《たいよ》しないこと。

第五号は、中国全体に関する七項目。この第五号要求は、中央政府に日本人の政治財政軍事顧問を入れることなどを含んでおり、最も問題となったものである。

袁世凱は清朝《しんちょう》末期の軍閥の中心にあった人物で、辛亥革命によって誕生した中華民国の政権を孫文から譲り受け大総統となったが、袁に反対する勢力も活発で、対立抗争が激しく行われていた。袁が最終的に日本の要求を呑んだのは、日本が敵対勢力の支持に回れば袁政権の危機となるためでもあった。

太田——もう、ブスでデブなヤツが、鼻クソほじくってるところを見つかっちゃったみたいな状況だな。

田中——そのたとえ、よくわかんねえよ！

わかりやすいたとえにすれば「火事場泥棒」。当時は諸国からそう言って非難されたという。

特にアメリカは危機感を覚え、日本の中国での暴走を抑えるために、日本と「石井・ランシング協定」を結んだ。この中でアメリカは、中国での日本の優位な立場を経済面に限って認めたつもりだったが、日本側ではこれを政治的な利益まで含めて解釈し、その理解の違いが対立を招いて、いっそうアメリカの対日不信を強めることになった。

太田——そうこうしてるうちにロシアではレーニンがロシア革命を起こして、第一次大戦どころではなくなってしまう。共産主義《きょうさんしゅぎ》が台頭してくるのをアメリカも黙って見てるわけにはいかなくて、干渉《かんしょう》する。でもアメリカとしては日本には干渉してほしくないわけだ。また何しでかすかわからないし。

一九一七年、欧州では戦線が膠着《こうちゃく》し、惨敗が続いたロシアは困窮《こんきゅう》し弱体化していた。そして三月、ついに革命が勃発《ぼっぱつ》（二月革命）。十一月にはソビエト政府が樹立する（十月革命）。

当時、ロシアにはチェコ人、スロバキア人の捕虜《ほりょ》や居留民が多くおり、その人々がチェコ独立を目指してチェコ軍を組織し、連合国軍として戦線に参加していたのだが、革命勃発後はソビエト軍と衝突し、反革命軍の主力となっていた。そのチェコ軍がシベリアで苦戦しているとの情報が流れたことから、チェコ軍救援を名目としてイギリスやフランスがシベリアへ出兵、日本にも出兵を要請してきた。

日本では、シベリア占領のチャンスという意見、食糧問題などから無理だとする意見など見解が分かれ、すぐには動けなかったが、アメリカから共同出兵の提案を受けて出兵が決定された。もっとも、アメリカがシベリアに出兵したのは実は日本を監視するためでもあったという。注1

アメリカは出兵数をそれぞれ七千人と限定してきたが、日本は強硬《きょうこう》に一万二千人と主張し、これを認めさせておきながら、実際にはなんと七万二千人もの兵士を派遣した。あわよくば、という野心があらわだった。ほかの国々が撤兵しても居座り続け、また北樺太へも出兵するなどして、こんども世界の非難を浴びた。

田中——すごい時代だな。

太田——まさに、大正ロマンだよな。

田中——ぜんぜん違うよ！

たしかに「大正ロマン」という言葉があるように、この時代には都市文化、大衆文化が発達し、自由で民主的な雰囲気や人格尊重の風潮が広がった。だがそれはうわべばかりで、大正十四年（一九二五年）の普通選挙法《ふつうせんきょほう》の成立が治安維持法《ちあんいじほう》と抱き合わせであったように、底流ではじりじりと閉塞《へいそく》が深まり、他国に対しては「ブスでデブなヤツが、鼻クソほじくってるところを見つかっちゃったみたいな状況」が繰り返されていたのだった。表面の華やぎとは裏腹に進行する歴史の皮肉を、味わうしかない。

［注1］ウィリアム・A・ウィリアムズ「アメリカ外交の悲劇」（お茶の水書房・一九八六年）

あとがき

『日本原論』と引っかけて、こんどは『日本史原論』なんてね……」。うっかり口を滑《すべ》らしたら、「ソレ、面白そうだからやりましょう」となった。単なる語呂合《ごろあ》わせだけで始まった企画だった。

連載が始まってすぐに後悔した。私は日本史にはまったく疎《うと》いのだった。子供のころ、唯一学校の授業で理解できたのは、国語のみ。社、理、数はまるでダメだった。

毎回、一から勉強しながら、原稿を書いた。

締め切りが迫るたびに、子供のころもっと勉強しておけばよかった、と後悔するのと同時に、不用意に安易な語呂合わせを口にした自分を呪《のろ》った。

そして「地理原論」「科学原論」とは、思い浮かんでも、絶対に人前では口にするまいと自分に言い聞かせた。

そんな連載もなんとかこうして形にできたのは、すべてスタッフのおかげだ。

特に、田中聡さんは、毎回膨大《ぼうだい》な歴史資料の中から、ポイントとなるテキストだけを抽出して、さらにその中でも、ここと、ここと、ここ。というように、重要な箇所に付箋《ふせん》をして、時間がない場合、そこだけを読めば、その時代全体の流れがわかる、といった形の資料にして、渡してくださった。

さらに、毎度毎度の私の素《す》っ頓狂《とんきよう》な質問にも、ていねいに答えてくださった。

「小野妹子《おののいもこ》っていうのは、本当は、男なんですよね？……アレ、妹子は、女なんだっけ？」

「……男です」

「そうだよね、遣唐使《けんとうし》？」

「遣隋使《けんずいし》です」

「ああ、遣隋使ね、どっちが先ですか、遣唐使と？」

「遣隋使のほうが先ですね。遣隋使が六〇七年で、遣唐使が六三〇年」

「ああ。……あれ？　卑弥呼も男ですか？」

「卑弥呼は女です……」

こんなバカ相手に、わかりやすく歴史を教えなければならないのだから、さぞかし苦労なさったことと思う。ただただ感謝するのみだ。

さて、歴史とは不思議なもので、それがどんな時代であっても、現代よりはユーモラスな趣《おもむき》がある。歴史上の人物は、たとえそれがどんなに悪名高き武将であっても、滑稽《こっけい》で、愛すべき人物のように思える。

歴史を相手に漫才を創ってみて、そう思った。現代に起きている事柄をテーマにするよりも漫才になりやすい。歴史上の事実をそのまま綴《つづ》っているだけでも、面白い喜劇を皆に紹介しているようで、楽しかった。それは、その逸話《いつわ》と私との間に膨大な時間の隔《へだ》たりがあるからかもしれない。

現在、われわれのまわりに起こっている、冗談にはできない事柄も、人も、われわれのこの時代も、何百年も後の人々にとっては、滑稽で愛すべきものに変わっているのかもしれないと思うと、楽しかった。

司馬遼太郎《しばりょうたろう》は、「歴史とは、大きな世界である」と言った。その世界の中にいるたくさんの人物が、自分を励《はげ》ましたり、慰《なぐさ》めたりしてくれると言った。

その司馬遼太郎自身、今は歴史の中の人物だ。

もし、司馬遼太郎がこの本を読んだら、どう思っただろう。笑っただろうか？　あきれただろうか？
この本ができて、そんなことを想像できる私は、幸せだ。

爆笑問題・太田光

解説

多田容子

骨のある日本史ブーム——

歴史↓勉強↓まじめ↓つまらない。最近まで、こういうイメージをもっていた人は多いのではないか。著者の太田氏も、冗談混じりながら、そうした意見をのぞかせている。私も、ほぼ同じ感覚を抱いてきた。おそらく、歴史的な事実は動かないものであり、受け身で学ばされるものだから、シャレになりにくかったのだろう。

しかし、様々な理由から、今、日本の過去が、柔軟で洗練されたネタの宝庫として、見直されてきている。第一は、本書でも触れられている通り、「新事実の発見」による歴史の流動化だ。遺跡の発掘による認識の変化や、有力説に対する異論の誕生など、もはや歴史の教科書は、一つの代表的な説に過ぎず、歴史とは常に再発見され、転換していくものだということが、理解され始めた。

第二は、「歴史上の人気人物の復権」だろう。例えば、この日本史原論シリーズの第三弾『爆笑問題の日本史原論グレート』(幻冬舎)でも紹介されている、安倍晴明や宮本武蔵といったキャラクターだ。彼らは、小説、マンガ、映像などの素材として新鮮に甦《よみがえ》っている。近現代に育った、ある種のリアリズムが否定してきた神秘性や、単純な理屈では説明のつかない超人的な業《わざ》、そうしたものが、再び注目を集めている。

第三に挙げたいのは、広い意味での「和風ブーム」だ。それは、第一、第二の現象と不可分と思われ、実は、この「日本的美意識」への人気が、歴史ブームを長く大きなものにしている原因だと、私は思う。例えば、ファッション、デザインなどの世界でも、近頃、和の要素が重視されている。こうした美意識の底流にある想いの一つに、「諸行無常、五穀豊穣」(本書九四頁・太田)があるかもしれない(笑)。

社会組織や家族関係などが、形を崩し続け、昨日の勝ち組が明日の負け組となる波乱の現代は、まさに「無常」を感じさせる。世相のみでなく、地震台風など天災もまた、日本人を、永遠という信仰から我に返らせる出来事だ。

「五穀豊穣」には笑った。太田氏が諸行無常と並べた意図は詮索《せんさく》しないが、しかしこれも、考えてみれば伝統的な日本語でありながら、長く忘れられてきた言葉である。

そして、今日の我々にとって、食糧も一つのキーワードだ。安全というものの意味はすっかり覆っている。これまでは、綺麗な食物を、いつも同じように食べられることが安定だと考えてきた。が、今や、人工的薬害のないものならば、少々虫がくった物でも、時間のかかる物でもよい、と思う人が増えている。

日本人の見えざる強み――

いわゆる、地球と身体によいものを探すうち、日本の歴史に注目したのは必然だろう。身体という観点からすると、日本人は昔のほうが、圧倒的に精妙な身体感覚をもっていた、という見方ができる。近代的で西洋式の進歩は、道具や機械の高度化を尺度としているが、古来、日本には、全く別の道があった。シンプルな道具のみの世界で、それを使いこなす身体の技術をいかに向上させていくか、という、目に見えないところに、尺度が設定されていたのだ。そうした進歩には、壁も限りもない。

「チャンバラ時代？」（中略）「長いぞこの時代は。大化の改新から明治維新まで、ほとんどこれだろ」（本書二二一頁・太田）という言葉を借りると、日本人は、刀という一つの道具で、日本史のほとんどの時代を戦い続けてきた。無論、他の武器もある。が、鉄砲が伝来してもなお、頑《かたく》なに刀を帯び続け、武士の魂と決めていた。このこだわりは滑稽で、笑いのネタとして上質である。と同時に、逆説的にはこうした愚直さが、日本人の強みそのものではないだろうか。

江戸時代以前の武芸者、職人などは、刀、忍者、浮世絵、建築等、日本が世界に憧《あこが》れられるほどの文化を創り出した。近現代史においても、密《ひそ》かに、あらゆるジャンルで、日本人の特殊な身体感覚、細やかさというものは、技術発展に不可欠だったと思われる。

そして、忘れてはならないのが言語感覚だ。日本人は昔から言葉遊びが大好きで、本書では、これが堪能できる。

太田ワールド——知識と笑いの位置関係

爆笑問題は、以前から尊敬していた。しばしば、お笑いのできる人は頭がいい、というが、太田光氏はまさに、それをはっきりと象徴する人物だろう。

本書の中で、印象に残ったやりとりの一つはこれだ。

田中「ほう、じゃあ、どのへんの時代が得意なんだよ」

太田「長嶋引退からこっち」
田中「最近じゃねえかよ！　お前が物心ついた後だろうが！」
太田「お前、その前の記憶あんの？」（以上一四頁）。

まずは、素直に笑った。

そして、実にその通りだと思った。私たちは、知りもしない時代のことを、安易に決めつけ、語り過ぎると。しかしここには、他にも何かの鍵が隠されているのではと、私は考えた。その後、プロローグにあったこの発言を頭に置きつつ本文を読み進めるうち、本書の大きな魅力を、自分なりに見出《みいだ》した。

太田氏は実際、現代史について、非常に豊富な知識をもっておられる。日頃は、この知識と時事問題などを、ユニークな言葉の技術でブツケ合わせて、笑いを生み出しているのだと想像される。笑いには、ギャップや、ワールドの転換が重要なのだ。それが、歴史というフィールドにいくと、どうだろうか。太田氏の現代への深い知と親しみが、日頃以上に、遠くて異質な過去の世界に、突如、出現することになる。だから、また新しい味の笑いができているのだと、私は感じた。

その上、太田氏の知識は、非常に興味深い位置にある。それは、知識と笑いの上下関係だ。いわゆる歴史の学習について、「楽しく勉強しよう」といった取り組みは、なされてきて久しい。だが、最終目的が勉強にある限り、受け手は何となく押し付けられている感覚から逃れられないのではないか。爆笑問題は、これを見事に打ち破った。この本の読者は、「笑うこと」を最終目的とすることが許される、幸せな人間だ。

更に、太田氏の独特で真摯《しんし》な点は、知識や学習を、あくまでも放棄しないところである。事実、この本は、毎月の日本史勉強会に支えられている。知識は必要なもので、しかし、それは笑いのための手段なのだ。「みんな、もっと深く笑うために、一緒に勉強しようよ」というのが、本書の特徴かもしれない。

自在なボケを保証する、二人の田中——

本書では、田中裕二氏の名によるツッコミにも、大いに笑わせていただいた。具体的内容は、ここでは伏せておくが、「すごい突っ込みだな」(九二頁)と、太田氏のパートから逆にツッコむほどの傑作もある。実際の田中氏もまた、並々ならぬ勉強家だということは、前々から察しているが、本書では、その田中氏の凄《すご》さとキャラクターが、太田氏の筆によって、非常によく活かされている。

このコンビの仕事は、深く広い知の海の、危険な一地点に飛び込んだ太田氏に対して、田中氏が、その本意に添って、言葉というたった一本の綱をつけた「笑い」の浮き輪を、瞬時に投げ込む。そんな技に見える。受け手は、次はどこへ飛び込むのか、どんな浮かび方で我々を笑わせてくれるのかと、楽しみが尽きない。もちろん、テレビなどで観《み》る爆笑問題のトークも基本的に同様の魅力をもつが、太田氏が書かれた今回のやりとりでは、このボケとツッコミの寄り添い方、それをつなぐ「綱」の細かい編み具合がまた、特に見所だと思う。

そして、地味な存在ではありながら、この「知の海」を、歴史性に彩られた大海原へと広げていったのは、第二の田中、つまり、フリーライターの田中聡氏だろう。田中氏は日本史勉強会の資料提供者であり、本書では解説を担当している。この解説が非常に濃い。分かりやすい中にも冷静な視点と重厚感があり、さすがにここでは勉強もできてしまう。

この田中聡氏には、太田氏のボケにひっかけて解説を進めるといった手法も見られ、それがまた楽しい。例えば、現代のプロレスの話が出れば、その解説もする。中大兄皇子と中臣鎌足が出会った「蹴鞠事件」を、「『事件』っていうほどのことかよ！」と言った太田氏の発言に乗って、「実は…（中略）…この一件はフィクションだったかもしれないという説もある」（五八頁）などと、歴史の裏側を紹介したりもする。

解説の中に「歴史の闇はさらに深いのであった」（八五頁）とあるように、本書は、歴史的な真実を追究し固定化するためのものではなく、様々な新事実や異説を盛り込むことで、最後まで謎《なぞ》を残している。まさに全体が娯楽で貫かれている一冊といえるだろう。

爆笑問題は、歴史というものを、純粋な笑いのネタにしてしまうという画期的な仕事を、本書以来、長く続けることとなる。そして、『爆笑問題の日本史原論　偉人編』へと続く人気シリーズを作った。

——時代小説作家

この作品は二〇〇〇年八月メディアワークスより刊行されたものです。

幻冬舎文庫

●好評既刊
爆笑問題のピープル
爆笑問題

爆笑問題が、西部邁、中沢新一、島田雅彦、糸井重里、大槻義彦、桂由美ほか各界文化人十五人とトリオを組んだ！　太田と田中が笑わせ笑わされる、知的かつ不敵な教養漫才。

●好評既刊
爆笑問題の日本原論2
爆笑問題

20世紀の日本はどんな国だったのか？　滅亡寸前、大混乱の日本に今日を予見するギャグ炸裂！　いろいろあるけど太田光執筆なのは、原点・日本原論のみ!!　やはり爆笑問題は正しかった！

●好評既刊
電車の中の漢字クイズ
竹田はなこ

「徒骨」「吝嗇」「雪花菜」「青天のヘキレキ」「コチョウの夢」「キャシャな指」の読み書きは？　漢字に関するありとあらゆる難問をつめこんだ一冊。これが解ければあなたも漢字博士!?

●好評既刊
電車の中の世界史クイズ
二木紘三

「古代エジプトの自動販売機で売られていたものは？」「〝会議は踊る〟と言われた国際会議は？」「ビスマルクの〝鉄血宰相〟という呼び名の由来は？」世界史の裏側を学べる国際派クイズ！

●好評既刊
電車の中の日本史クイズ
二木紘三

「宮本武蔵が〝五輪書〟の中で一度も触れていない決闘は？」「初めて黒人を見たときの織田信長の反応は？」「UFOを見たかもしれない将軍は誰？」歴史が突然おもしろくなる日本人クイズ！

爆笑問題《ばくしょうもんだい》の日本《にほん》史《し》原論《げんろん》

爆笑問題《ばくしょうもんだい》

平成15年8月5日　初版発行

発行者――見城徹
発行所――株式会社幻冬舎
〒151-0051東京都渋谷区千駄ヶ谷4-9-7
電話　03(5411)6222(営業)
　　　03(5411)6211(編集)
振替00120-8-767643
印刷・製本―図書印刷株式会社
装丁者――高橋雅之

幻冬舎文庫

ISBN4-344-40412-2　C0195　は-7-3